不怯场

与众人沟通艺术

译夫◎编著

国家一级出版社 中国纺织出版社 全国百佳图书出版单位

内 容 提 要

开会讨论时，面对一屋子的领导和同事，总是结结巴巴；演讲发言时，面对台下熙熙攘攘的观众，总是词不达意；聚会交流时，面对满场的陌生人，总是无所适从……人一多就不会说话，仿佛已经成为了现代人的通病。本书是一部实用的口才技能提升宝典，旨在教会读者如何顺畅地与别人展开交流，如何在不同的场合与不同的人交谈，如何表达更能打动人心……从而帮助读者避免出现人一多就不会说话的尴尬处境。掌握说话的艺术，才会拥有更好的人生。

图书在版编目（CIP）数据

不怯场：与众人沟通艺术 / 译夫编著. —北京：中国纺织出版社，2018.10（2019.1重印）
ISBN 978-7-5180-5284-4

Ⅰ.①不… Ⅱ.①译… Ⅲ. ①语言艺术—通俗读物 Ⅳ. ①H019-49

中国版本图书馆CIP数据核字（2018）第176176号

策划编辑：闫　星　　特约编辑：王佳新　　责任印制：储志伟

中国纺织出版社出版发行
地址：北京市朝阳区百子湾东里A407号楼　邮政编码：100124
销售电话：010—67004422　传真：010—87155801
http：//www.c-textilep.com
E-mail：faxing@c-textilep.com
中国纺织出版社天猫旗舰店
官方微博http：//weibo.com/2119887771
三河市宏盛印务有限公司印刷　各地新华书店经销
2018年10月第1版　2019年1月第2次印刷
开本：710×1000　1/16　印张：13
字数：128千字　定价：39.80元

凡购本书，如有缺页、倒页、脱页，由本社图书营销中心调换

前言

当今社会，口才的重要性已经毋庸置疑。在任何领域，善于说话的人总能够御风而行万事顺意，不会说话的人则如船搁浅滩步步难行。因此，我们可以长得不漂亮、不帅气，但一定要把话说漂亮，恰当的表达、巧妙的沟通，都能让你在生活和工作中顺心顺意。

然而，尽管我们已经认识到口才的重要性以及学习到如何掌握说话的本领后，依然有很多人无法准确地掌握口才的要义，其中重要的一个表现就是他们没有做好开口前的心理建设——克服当众说话前的紧张情绪。

生活中的你是否遇到过这样的尴尬场景：你能和某个好友侃侃而谈，但一参加聚会你就手足无措、不知从何说起；你能和同桌和同事就某个问题高谈阔论，但一上讲台就面红耳赤、紧张不已；平日工作中的你自信满满，但一旦被推举出来谈论工作经验时，你就哑口无言、结结巴巴……于是，很多人发出感叹：“为什么人一多我就不会说话了呢？”

其实，当众说话，我们大部分人都会产生紧张感，因为当众说话紧张而对人际关系或工作产生影响的事也经常出现，可以说，这已经是很多力图改善自己说话能力的人的一种顽疾。其实，这一部分首先没有认识到的一点是，我们只有首先承认紧张感的存在，才能化解紧张、大方谈吐。

的确，紧张感每个人都会有，只是程度不同，有些人善于控制并降低自己的这一负面心理，而有些人则不善于。美国成人教育家戴尔·卡耐基先生毕生都在训练成人有效地说话，他认为，成人学习当众讲话，最大的障碍便是紧张。他说：“我一生几乎都在致力于帮助人们克服登台的恐惧，增强勇气和自信。”

如果你容易怯场、紧张，那么，你首先需要做的就是建立自信。为了培养勇气，面对他人的时候，不妨就表现出一副有勇气的样子，在做足准备、将一切谈话内容都了然于胸之后，不妨轻松地大步跨出去吧。

不过，仅有这两条还远远不够，我们还要勤于学习、加强口才训练。

然而，包括好口才在内，任何本领的获得，都不是天生的，也非一日之功，你若想把话说出水平，需要通过后天长期的努力。当然，只要做到不断学习和提高，大多数人都能轻松驾驭语言，做到口吐莲花、能言善辩、打动人心。

做到以上几点，相信你能摆脱对公共场合发言的畏惧感，克服在各种场合发言的紧张感。此时，你可能会说，我需要一个导师指导我如何具体实施。那么，这就是本书编写的初衷。

本书通过大量经典的口才实例，从聊天、会议发言、演讲、谈判等方面生动形象地阐述了克服说话紧张的多种有效方法，相信你在熟读本书后，一定会对如何说话以及克服当众说话的紧张感有更深层次的理解，更能让你找到如何在谈判桌上，或在工作、社交上，甚至在生活中消除紧张感的方法，最终帮助你成为一个能说会道、受人欢迎的人。

编著者

2018年5月

目录

第 01 章

锻炼胆量，培养当众说话的能力

能力需要“讲”出来

虽然，我们经常听到这样一句话“能力并不只靠嘴巴说出来的”，但是，不可否认的是，在很多时候，即便是你具备优秀的能力，如果不说，别人又怎么会知道呢？所谓的有能力，有时也是靠“说话”说出来的。俗话说：“酒香还怕巷子深。”更何况对于一个人所具备的能力呢？一个有远大志向且具备卓越能力的人，假如连话都不会讲，他又怎么能向众人证明自己的能力呢？

或许你会反驳，能力大多是通过“做”出来的，不过，对于那些埋头默默做事的人来说，若不具备一定水平的口才，那他所发挥出来的能力将会黯淡不少，甚至可以说，发挥出来的效果将减少一半。因此，如果你有能力，那么就更应该学会“演讲”，如此，才会让你的能力得到最大限度的发挥。

小王是中学政治老师，在学校里，他可谓是最优秀的讲师了，不仅十分有能力，而且讲课的功夫特别棒。许多同事询问其秘诀，小王总是呵呵一笑："秘诀就是要会演讲，对于我们老师来说，既要肚子里有货，也要能倒得出来，即使一个老师很有学识，但若是不会说话，那他的能力是无法发挥出来的。"

对于说话，小王老师可以说是相当精通，就连演讲里的"提问"环节，说起来也是学问颇深，他常常这样说："我们在提问时，要分层提问，化难为易，化大为小，把课堂提问当作一门艺术，这样，我们才能够运筹帷幄地统领全局。另外，这样的提问方式也能够很好地结合学生的实际，做出有计划、有步骤的系统化的提问，便能层层深入地引导学生向思维的纵深发展。"

就举一个简单的例子：

在一次政治课上，小王在讲到"商品"这个概念的时候，他设计了一连串由浅入深的问题来启发学生层层地深入了解。课堂一开始，小王就提问："同学们，我们的吃、穿、用的物品是哪来的？"学生异口同声地回答："市场上买的。"小王老师接着问："那市场上出售的商品又是从何而来？"有学生回答："劳动而来的。"小王老师继续问："所有的物品都是劳动产品吗？所有劳动产品都是商品吗？"学生们摇摇头，却又说不上来，小王老师问："原因是什么呢？"这样几个问题一一回答下来，使得"商品"的外延范围越来越小，逐渐显示出了内涵。最后，小王老师轻松揭示了："商品就是用来交换的劳动产品。"课程结束后，小王老师总结说："这样的提问方式，循序渐进，能够带领学生轻松地跨越思维的台阶，学生比较容易接受。"

老师作为一种职业，更需要演讲的技巧，其实，在生活中，还有许多职业都需要当众说话，诸如导游、主持人等。对这一类职业的人来说，除了本身所具备的专业知识之外，还需要具备一项特殊的技能，那就是——演讲。因为只有通过讲话，才能证明你自己的能力，就老师来说，即便是读了万卷书，但不懂得如何表达出来，学生还是会认为这不算多优秀的老师。因此，对于此类职业来说，尤其需要多做当众说话的练习，以此来证明自己的能力。

或许，有的人认为自己并不是老师，也不是导游，更不是主持人，只是一个做技术的员工，那自己肯定是不需要具备什么说话能力的。这样的想法是有偏差的，当然，如果你仅仅想成为一个默默无闻的员工，从来没有想过晋升职位或者是进一步增强自己的能力，那不具备说话能力也还是可以的。但是，多少人愿意在一个岗位上待一辈子呢?

1.能力需要“讲”出来

以上我们已经说过了，有的能力是需要通过“演讲”才能展露出来，除了我们所说过的老师、导游、主持人，还有领导者。对于一个领导来说，他的能力、威信以及对下属的管理都是通过讲话而表现出来的。因此，演讲就会成为其不得不具备的一种能力。

2.主动“讲”出来

在生活中，有的人明明具备了优秀的能力，但是，他总是表现得异常低调，似乎在等着伯乐来发掘自己。但是，现代社会，千里马向伯乐自荐的例子已经是不胜枚举，如果你总是不敢“讲”出自己的能力，不愿意推荐自己，那么，你空有一身本领也将会被埋没。

因此，即使你的能力只是需要“做”出来，但是，假如你不擅长讲话，或许你的功绩将会被别人抢走，又或者你始终在原地踏步。因此，为了能够让自己的能力充分地发挥出来，我们应该学会当众讲话，或是向领导推荐自己，或是向众人展现自己的能力。

敢于当众说话是一种卓越的能力

英国前首相丘吉尔曾说过一句经典的话：“你能对着多少人当众讲话，你的事业就会有多大。”事实确实是这样，在职场中有许多场合都需要当众说话，比如，求职面试、竞聘职位、总结报告、发表意见、主持活动、会议发言、接受采访等等。毋庸置疑，当众说话是一个人在职场中必备的基本技能，也是管理者对人管理的必要工具。在更多的时候，当众说话将为你赢得事业成功。在事业发展的路途中，我们所需要经过的过程大多是这样的：最开始只听上司说话，慢慢地你开始对一两个下属说话，逐渐地，听你说话的对象越来越多，直至有的人做到了公司老板的时候，那时候你所面对的将是全体员工说话。或者是另外一个过程，你最开始在大街上当众说话，后来发展到全国，甚至全世界。当然，在这个过程中，你已经成就了自我。你可以当着多少人说话，你的事业就会有多大，这是很容易想象得到的事。

相反，那些工作中言语不多的人，即便是他们具备卓越的工作能力，但是，他们的事业已经局限在他所坐的位置上了。在工作中，遇到与同事意见发生分歧的时候，需要大胆说出来，因为你说出来，或许会有万分之一的机会成功，但你不说，就连这微小的机会都没有了；在想到了很好的提议的时候，哪怕会议室里人山人海，你也需要大胆地说出来，证明自己的能力；在面对消费者的时候，更是需要将当众说话发挥得淋漓尽致。多少事业成功的人都是这样一步步走过来的，如果说他们与别人不一样的地方，我想其中应该有这样一点：敢于当众说话。

马先生在上个星期晋升为了总经理，尽管，马先生的工作能力是大家有目共睹的，但是，他最大的一个缺点：惧怕当众说话。这个毛病在他上学时就有了，那时他不能在课堂上作报告，每当学校有口试他就会两腿发软。甚至，在他结婚的那一天，幸亏上天照应，他得了重感冒，嗓子不能发出声音，才躲过了那天的当众说话。

现在，马先生正愁眉苦脸地坐在办公室，很快自己就会在公司评议大会上作报告了，这是自己担任新职位以来第一次公开说话，公司高层领导对此极其重视，希望他能通过这次讲话奠定好自己未来的事业基础。但是，对于马先生来说，当确定了发言日期的时候，自己就再也没有睡过一天安稳觉，他甚至冒出了一个荒唐的念头：想请病假来逃过那难熬的两个小时。

当然，这个荒谬的念头并没有实现，马先生还是准时地来到了会场。虽然，之前默念了无数遍的演讲稿，但真正到了高高的讲台上时，马先生突然得了健忘症，他一边不断地抹着额头上沁出的汗水，一边吞吞吐吐地说道："今天……谢谢大家我需要说的是……"在整个讲话过程中，马先生停顿了无数次，才勉强讲完，比预算的时间超出了很多。

会议结束之后，上级领导对马先生说："现在将手上的全部工作放一放，你去上口才培训班，希望你能有所收获，等到下次会议的时候，我希望能看见你能有一个崭新的面貌，如果你还是不能做好，那么，我想有必要考虑你是否适合这个职位。"

对马先生在会议上的表现，法国心理学家克里斯多夫·安德烈说道："如此的行为很普遍，害怕丢脸、害怕当众说话，就好像他们害怕蛇虫一样。有一半以上的人害怕这种当众说话的场合，而有大概三分之一的人放弃过当众说话的机会。"就好像马先生一样，虽然他拥有优秀的工作能力，但是，成为一名管理者以及领导者，他还需要当众说话的口才。如若不然，他的事业将会重新回到原地。

1.当众说话也是一种能力

其实，说话本身就是一种能力，你看见过站在路边小摊上吆喝的老板，有的人一个月就能收入好几千，如此的酬劳远远超过白领阶层。这是为什么呢？这就好像有的人因为技能挣钱，有人因为下苦力挣钱，而他们则是靠一张嘴吃饭。许多各行业最优秀的推销员，无不是当众说话的卓越者。因此，在学习当众说话的时候，我们不仅需要把它当成事业成功的砝码，更需要将它当成是一种特殊的能力。

2.当众说话为事业发展增加了更多的机会

可能，你本来只是擅长在车间里埋头苦干，如此一来，你只能成为一名普通的职员。但是，假如你更擅长当众说话，那么你去销售部也是非常适合的，或者，以后成为一名优秀的管理者也是可以的。敢于当众说话，无疑为我们的事业发展增加了更多的机会。

克服当众讲话的恐惧

英国前首相丘吉尔曾说过一句经典的话："你能对着多少人当众讲话，你的事业就会有当众讲话是一门不可不学的一课。"然而，令不少人苦恼的是，人们对于当众讲话都会有不同程度的紧张感，而在当众之后的讲话，会加剧人们的恐惧心理。

美国成人教育家戴尔·卡耐基先生毕生都在训练成人有效地说话。他认为，成人学习当众讲话，最大的障碍便是紧张。他说："我一生几乎都在致力于帮助人们克服登台的恐惧，增强勇气和自信。"

可以说，在公众面前紧张是再正常不过的心理，事实上，紧张能使人大脑皮层兴奋、开发潜能，许多专家认为紧张、压力是激发潜能的有利因素，紧张不见得是件坏事，适度紧张不但无害，还会起到积极的作用。对于当众来说，适度紧张会让我们重视听众，重视我们的表达方式，不会懈怠。只要你在乎听众，想给听众留下好印象，自然就会重视你的讲话，不会完全放松。我们前面提到的很多演讲家终身没有消除演讲的紧张也是这个道理，这样反而会增强表达的效果。

然而，如果紧张变成变成过度紧张，就需要我们进行调整了，因为它会造成思维停滞、言辞不畅，为此，我们需要把它降低到一定程度，让它成为一种助力而不是阻力。

那么，当众讲话紧张的根源在哪里？既然紧张是人的一种反应式行为，那这种紧张到底是对什么做出的反应呢？

小文是一名高三年级的学生，和其他男生不同的是，他不爱说话，有时候老师上课叫他起来回答问题，他也是支支吾吾，说不出来。为此，他也没有什么朋友，当其他男孩在一起聊到篮球、足球和网络热点问题时，他也插不上话，因为他从小就有口吃的毛病。不过，因为刻苦学习，小文的学习成绩很好，一直名列年级前茅。

一次，在高三年级的高考动员大会上，老师让小文为大家做个演讲，谁知，小文居然满脸通红，然后跑开了。

后来，学校老师让小文的父母在心理医生的提议下来寻求催眠师的帮助，听说催眠能治疗口吃，这天，小文就抱着试试看的心态来秦医生的催眠室。

刚开始，秦医生对小文进行引导和放松，当小文进入到浅度的催眠状态时，秦医生了解到小文患上口吃的原因。

小学五年级的时候，一次，老师找到小文，告诉他学校将组织一次演讲，让小文参加。

“演讲要怎样讲呢？”小文这样问老师。

“就像你平时写作文一样，先写好了，然后上台的时候背出来就可以了，很简单的。”

“那好吧。”小文犹犹豫豫地答应了。

接下来，小文就开始为演讲做准备了，他先写好稿子，然后开始背，还经常让妈妈来考他，一篇演讲稿是难不倒聪明的小文的，妈妈无论问到哪里，他都能倒背如流。

演讲会那天，小文兴高采烈地上了演讲台，当他登台的那一刻，他有点不知所措，好像场景和家里背诵演讲稿不大一样。在家里，听众只有妈妈，现在是全校师生，他有点慌了。但他还是决定先背诵第一段，接下来是第二段，都挺顺利。但是到第三段，他突然一个字也想不起来了。怎么办？看到台下的人，大家都在交头接耳，小文一紧张，居然尿裤子了。他赶紧跑下台。当时他恨不得找个洞钻进去，再也不出来。

自从这件事之后，每次小文开口的时候，他总觉得同学在笑话他，久而久之，就有了口吃的毛病。

在这一故事中，高三学生小文之所以害怕当众说话，是因为在童年有过因当众说话而出丑的经历。据此，我们大致也可以推出人们在公共场合紧张的原因：由于出现了害怕的感觉，让人产生了紧张。无外乎就是害怕“自我形象不好”“怕出丑”“怕丢脸”“怕没面子”。有了这种害怕心理，才会导致紧张出现。

美国魅力学校校长都兰博士认为，产生怯场紧张的原因主要有以下几个方面：

1.害怕做得没有想得那么好。

当众讲话也是如此，一些人在开口前就为自己设定标准，一定要让听众接受自己的想法，一定要博得听众的掌声，一定要……但如果没有做到怎么办？于是，这种想法导致了他们害怕心理。

2.准备得不太充分。

任何一场临时抱佛脚的演讲都会让演讲者产生恐惧的心理。

3.害怕听众反应不佳。

这与第一点异曲同工，对演讲效果的过早考虑，会给人们带来焦虑感。

4.早期有失败的经历。

在众人面前丢脸，要想重拾勇气，确实不易。

5.没有充分进入角色。

当然，最后一点，也和前面四点有着不可分割的联系。

了解当众讲话中紧张感产生的原因，能帮助我们对症下药，找到具体的解决措施，以做到在当众讲话中自信登台，大胆开口。

给自己积极暗示，让信心倍增

在现实生活中，一些人在当众讲话前，就像如临大敌一样心惊胆颤，有着诸多的这样那样的担心，比如，在讲话过程中总是设想自己会犯语法错误，或总担心自己讲着讲着会突然地停顿下来，讲不下去了，这就是一种反面的假想，它很可能会抹煞我们对演讲的信心。这就是人们常说的“演讲恐惧症”。其实我们对某一件事情越是过分注重，我们就越容易焦虑和紧张，行为之上就是越放不开手脚，反映在身体之上就是心跳加快、手脚发抖、说话嗑巴、大脑空白等，其实，有这些身心表现都是很正常的。面对这种情况发生，可以使用积极自我暗示的方法。暗示对人的心理影响是极大的，我们都能看到人在不良的心理状态下发挥是不正常的。

当然，要做到自我暗示，保持积极地情绪体验，还需要我们在日常生活中就积累自信心。

被视为勇气的象征的美国人——罗斯福，他的经历会告诉你答案。

罗斯福曾经是个很胆小的人，在后来练习了如何获得勇气之后，他才成为一个勇者。

在他的自传里，有这样的内容：“因为小时候我的身体弱小、体质很差、病病歪歪，又很木讷和笨拙，所以，年轻的时候我常常对自己没什么信心，为了获得信心，我常艰难地训练自己，这不只是身体上的训练，更是对灵魂的淬炼。”

他这样描述自己是如何改变：“孩提时代，我在马利埃特的一本书里读到过一段话，这句话对我的一生影响都很大，一直在我的脑海里，在书本里讲述了一位英国小型军舰的舰长，向故事的主角讲述了怎样才能做一个气宇轩昂的人，怎样才能变得无所畏惧，他说的是：‘开始时，当每个人行动前，都会有一种畏惧心理，此时，应该学会驾驭自己，让自己表现得一点也不畏惧，就这样持之以恒，然后你会发现，原来只是假装的勇敢真的实现了，他只不过是练习拥有无畏的精神，竟然在不知不觉中真的变得勇敢无畏了。’”

“这就是我训练自己的理论来源，刚开始，我害怕的事情确实很多，树林里的灰熊、街上的枪手。但是我故意装得不害怕的样子，慢慢地，我就真的不害怕了，如果人们愿意的话，其实也是能和我一样的。”

心理学家认为，内控的人认为自己可以掌握一切，外控的人认为自己事事受制于人。如果你不相信，扭捏推却克服，并且也不愿意去克服，那么谁也无能为力。可见，任何人在演讲前都要克服自己的恐惧，并学会一些消除恐惧的方法，只有这样，你才能不断消除表达时的恐惧，成为一个会说话、会表达的人。为此，你可以试试下面的四种方法：

1.融于自己的题材中

在你的题材选好之后，你要按照计划加以整理，并请你的朋友来帮你查看一下你的准备是否是充分的。你还必须要告诉自己，我选择的题材是有意义的，这是伟人们的态度——坚信自己。怎样才能让自己获得这样的信念呢？你需要详细地研究你的题材，然后告诉你自己，演讲是具有重要作用的，这也会帮助到你的听众，使他们变得更美好。

2.避免去想那些可能让你产生不安的事情

很简单的道理，假如演说还没开始，你就老想着自己可能会犯语法错误，或者在演说中途会有听众站起来刁难你，再或者你的演说突然中断、找不到演说词的话，那么，也许你还未开口，你就无法开口了，因为你已经没有了信心。在开始之前，你最重要的是把注意力从自己身上转移开，你可以先听听其他的演说者说什么，把注意力放到他们身上，这样，你在登台之前就没有那么紧张不安了。

3.给自己打气

只要你演说的题材不是可以用生命捍卫的远大目标，那么，在开口之前，你都有可能会怀疑自己的题材，会担心自己适不适合这个题目，会担心能不能引起听众的兴趣，甚至有可能将题目更改。

其实，此时，你的自信是被消极思想毁了，你该为自己打气，用浅显的话鼓励自己，告诉自己演讲题目是适合自己的，因为这都是你的经验之谈，是你对生命最真诚的看法，你最有资格谈论这一话题。所以，全力以赴吧。

4.表现出自信

美国最著名的心理学家威廉·詹姆斯说过这样一段话："行动看似好像是在感觉之后，但事实上它们是同时发生的，行动受控于意志，通过制约行动，我们也可以间接制约感觉，但事实上，感觉是不被意志控制的，因此，假如我们已经失去了原有的自然的欢乐，那么，使自己欢乐的最佳方法，就是表现出快乐，快乐地坐着、站着或者说话，好像你本来就很快乐一样，如果这样都不能让你快乐起来的话，那么，真的是没有办法了。”

“所以，让自己表现得勇敢，看起来本来就是勇士，然后运用这一意志达到目标，那么，勇气就会逐渐取代恐惧感。”

所以，记住詹姆斯教授的劝告吧。为了培养勇气，面对听众的时候，不妨就表现得好像真有勇气一样。在做足准备、将一切演讲内容都了然于胸之后，不妨轻松地大步跨出去吧。

积累自信的小诀窍

小林是一名刚毕业的大学生，从学校毕业后，他进入了一家民营企业当销售员，实习期间的主要工作任务是进行电话推销。这天，他紧张地对着话筒机械地说：“陈先生吗？你好！我姓林，是××公司的业务代表。你是成功人士，我想向你介绍……”

电话那头的陈先生直率地说：“对不起，林先生。你过誉了，我正忙，对此不感兴趣。”说着就挂断了电话。小林放下电话，硬着头皮又打了半小时，每次和客户刚讲上两三句，客户就挂断了电话。

打完电话以后的小林垂头丧气地准备拨打下一个电话，这时候销售经理走了进来，对他说：“刚才我留意了一下你的推销过程，我发现，你很紧张，这是推销的大忌，销售员连这点自信都没有，客户怎么相信你，不过话说回来，你是销售新手，难免不自信，其实你可以去练习一下当众说话，比如去参加一些演说培训，或者有意识地在公共场合说话。我相信这会对你有帮助。”

在经理的建议下，小林果真去报了一个夜校，主要是培养演讲能力，刚开始在班上上课的时候，小林连站起来说话的勇气都没有，但经过了一个月的心态和技能培训之后，他的说话能力有了很大的进步，重要的是，他已经在与客户沟通中没有任何恐惧了，现在，无论是电话推销还是上门拜访客户，小林都能做到游刃有余，并且，他被经理称为“全销售部进步最快的销售员”。

这里，我们看到了一个羞怯、紧张的推销员因为练习当众说话而变得逐渐自信和干练的过程。

德国人力资源开发专家斯普林格在其所著的《激励的神话》一书中写道：“人生中重要的事情不是感到惬意，而是感到充沛的活力。”“强烈的自我激励是成功的先决条件。”

如果你是个自信心不足的人，你可以掌握以下几个自我练习的方法：

1.经常微笑

我们都知道笑能给人自信，它是医治信心不足的良药。如果你真诚地向一个人展颜微笑，他就会对你产生好感，这种好感足以使你充满自信。正如一首诗所说：“微笑是疲倦者的休息，沮丧者的白天，悲伤者的阳光，大自然的最佳营养。”

2.昂首挺胸，快步行走

许多心理学家认为，人们行走的姿势、步伐与其心理状态有一定关系。懒散的姿势、缓慢的步伐是情绪低落的表现，是对自己、对工作以及对别人不愉快感受的反映。步伐轻快敏捷，身姿昂首挺胸，会给人带来明朗的心境，会使自卑逃遁，自信滋生。

3.养成大声说话的习惯

在开会发言时，要注意提高你的音量，养成大声说话的习惯。科学的对比实验的解释是，大声说话能解除压抑，提高自信——能调动全部潜能，包括那些受到压抑的潜能，同时也能使你的胆量在大声说话中得到增强，那么你的发言也就挥洒自如了。

4.公共场合挑前面的位子坐

你是否注意到，无论在教学或教室的各种聚会中，后排的座位是怎么先被坐满的吗?大部分占据后排座的人，都希望自己不会“太显眼”。而他们怕受人注目的原因就是缺乏信心。

坐在前面能建立信心。把它当作一个技巧试试看，从现在开始就尽量往前坐。当然，坐前面会比较显眼，但要记住，有关成功的一切都是显眼的。

5.找到放松自己的小窍门

有的人当众讲话，觉得十分痛苦；自我介绍时，感觉十分紧张。他不敢去接触别人，如果别人稍稍接近他，他就立即躲避起来。像这种人，如何才能克服他的紧张呢？可以用假按摩、真放松的方法：大家先围成一圈，然后每个人闭起眼睛，把双手放在前面一人的肩上，慢慢地替他按摩，由肩移至腋下，然后再一次由肩按摩起，直到你想象自己的腋下被人搔得想笑，这样因为想笑而放松了自己，你自然就不会再害羞了。

当然，当你成为一个自信的人后，在演讲时，如果你还有紧张感，你可以这样进行语言暗示："我一定可以做得很好""我一定可以超常发挥"等。

要做到演讲时减少紧张感，需要在平时的生活里就培养自信心，比如在平时休息之余多和自己交谈，不断地强化一种必胜的信心与信念。时间长了，就会发现这种良好的积极的心态就会成为自己的一种思维习惯。

"装"出好形象，减轻心理压力

我们都知道，一个人最先在无声中打动别人的办法是靠自己的形象。好的形象可以给人留下心情愉快的印象，见了第一面，期盼第二面，或者不反感见第二面。而较差的或者不适当的形象则会给别人留下再也不想见的印象。同样，演讲中，我们要想打动听众的心，就要注重自己的形象。而最为重要的是，听众的认可更能帮助我们减轻心理压力。

事实上，对于很多演说者而言，他们在演说前都会注重对自己形象的打造。当然，怎样穿出精气神是我值得去细心体味和研究的问题。

小王与妻子出国后，很快与周围的这群外国朋友打成一片，因为他们善良、乐于助人。但他们第一次参加朋友们的派对，就出了一次丑。

那天是圣诞节，他和妻子因为一件小事刚吵过架，心情很不好，这时，电话响起来了。朋友邀请他们参加一个圣诞派对，他与妻子没多想，穿着T恤衫、牛仔裤就出发了，结果在踏进朋友家时看见大家都穿着得体优雅的小礼服，真的有一种找个地方躲起来的冲动。当朋友把这对中国夫妻介绍给自己的朋友时，他们表现出来的这副没精打采的态度，更是让这些朋友很沮丧。

事后，小王还专门打电话给这位朋友，为自己当天在派对上的失态而道歉。后来，他们专门向一位形象设计师讨教一番，因为在他们的生活圈子中，少不了要经常参加这样的场合。

随后，他们与家人一同前往新加坡，参加侄女的婚礼。回来后，他对这位形象设计师说："婚礼上，我们受到了很好的礼遇，我觉得在很大程度上，是因为我们穿对了一身衣服，让对方很好地感受到我们真诚、懂礼、有素养的一面，给国外的亲戚、朋友们留下了深刻的印象。"

这则案例中，小王夫妻给外国朋友的印象有如此巨大的反差，就在于他们赴宴时的不同装扮。第一次，他们因为夫妻吵架、心情不好，就穿了一身随意的衣服，为此，他们失态了。而第二次，在经过形象设计师的一番指导后，他们掌握了如何穿着才显得神采奕奕。

可能很多人认为穿着打扮是一个令人费神的问题，一怎样穿着才能穿出品位、穿出神采？其实，要想穿出一身富有精气神的行头，也并非难事，对此，我们不妨从以下几个方面努力：

1.并不需要大费周折

在演讲前，如果你有时间，最好细心打扮一下，但如果没时间再去从头到脚再去换一套盛装，你就要懂得在日常生活中就注意自己的着装，以免手忙脚乱。比如，西装外套只要是上等的高级质料，则只要更换下半身即可，最好能穿上能与之搭配的裙子。

2.注意配饰的作用

有时候，一件小小的饰品都能让我们的服装起到画龙点睛的效果。当然，演讲时的饰品，还是不要过多，以免让听众眼花缭乱。

3.让色彩帮助自己熠熠生辉

关于色彩，人们有一些错误观念，比如：

①皮肤白的人穿什么都好看。其实每个人都有自己穿起来好看的颜色，也都有不适合的颜色，与皮肤的黑白没什么关系。

②穿黑色显瘦。绝对并非如此。要看你是属于哪一种色彩类型的人。

③艳色是俗气的。色彩本身没有好坏之分，但有选择与搭配的好与坏，不和谐的色彩无论艳或不艳都不美。

④只有相近似的颜色搭配在一起才好看。相近或相似仅仅是一种配色方法，其实还有许多配色原则。

⑤黑白是百搭色。黑白是很极端的颜色，想要在衣服上任意搭配出漂亮的效果不容易，不要什么都用黑白去凑合。

⑥对比色的搭配是土气的，比如红色与绿色的搭配。对比不等于不和谐，如红与绿搭配得好坏要看它们属于什么调子的红与绿，还要考虑面积对比等因素。

树立以上这些理念并以此为穿衣搭配原则，演讲时，我们就可以让自己神采奕奕地出场了。

演讲场合，很多时候，演说者的心态如何与听众的反应有很大关系，神采奕奕的一身装束，不但能吸引听众眼球，还能帮助我们减轻心理压力。

第 02 章

动人开场，为成功讲话做好铺垫

故事式开场白更吸引人

我们都知道，很多时候，我们在公共场合进行脱稿讲话，为的就是起到启迪人心的作用，然而，万事开头难，演讲也是如此。能否在开场就抓住听者的兴致，对于能否取得好的演讲效果，以及对方能否接受自己的观点至关重要。演讲学界曾有人指出：如果没有一个好的开头，想在整个演说过程中始终做到轻松、巧妙地与听众交流思想是颇为困难的。一个有演讲经验和演讲学识的演讲家，通常都非常重视演讲开头的设计。我们演讲开头成败的关键在于能否吸引并集中听众的注意力。

因此，开场白只有做到匠心独运，以其新颖、奇趣、敏慧之美，才能给听众留下深刻印象，才能立即控制场上气氛，在瞬间里集中听众注意力，从而为接下来的演讲内容顺利地搭梯架桥。

演讲开头是演讲者向听众出示的第一个同时也是最重要的信号，我们若能以故事开场，便能抓住听众的注意力，引发他们听的兴趣和积极性。

运用讲故事的方式来进行演讲开场，能让听众产生莫大的兴趣。一般来说，我们可以讲以下两类故事：

1.叙事类故事

这一类故事，可以是现实生活中的轶事趣闻，也可以是中外历史上有影响的事件。无论使用哪一类故事，都应注意和自己的谈话内容相衔接。

2.幽默的故事

在你身边，什么样的人最受欢迎？你一定会回答：有幽默感的人。因为有了幽默感，他们更善于与其他人沟通，即便表达反对意见也不让人反感；因为有了幽默感，他们总会成为聚会的主角，人人都愿意和他们聊上几句……

心理学家凯瑟林告诉我们："如果你能使一个人对你有好感，那么，也就可能使你周围的每一个人，甚至是全世界的人，都对你有好感。只要你不是到处和人握手，而是以你的友善、机智、风趣去传播你的信息，那么空间距离就会消失。"幽默能一下子拉近人与人之间的感情距离，但演讲中使用幽默的故事一定要注意，讲话者需有幽默的秉赋，切不可平淡、呆板。

台湾著名艺人凌峰在一次春节联欢晚会上发表了一段精彩的即兴演讲，其中幽默的自我介绍作为开场白堪称经典。

设置悬念，为听众留足想象

有过演讲经验的人可能有这样的感触：刚开始登上讲台的时候，如果你就一本正经、义正言辞地发表你的观点，会让听众感到生硬突兀，让听众难以接受。而如果能在开场时先卖个关子、留个悬念，听众的注意力很快就能被你吸引过来。这就是演讲过程中的悬念式开场白。

可以说，悬念是打开领导者成功演讲之门的金钥匙，这种心理活动的过程，如果能被领导者在演讲时恰当利用，就会使听众产生一种听完后所得的愉悦感，真切理解演讲者的意图。

曾经有个演讲者发表了一篇名为《论男子汉》的演讲，整个过程很让人匪夷所思。

刚开始，听众对他的演讲感到很失望，甚至觉得他说的话都离题了，因为他一口气讲了四个困难，让听众丈二和尚摸不着头脑。

他是这样开头的："其实，我根本不知道今天主办者的意图何在，这是我今天遇到的第一个困难；另外，这是我第一次来到贵学校，一切是那么的陌生，这让我感到很局促，以至于我都不知道该说些什么了，这是我今天遇到的第二个困难；再者，前面的几位演讲者的演讲是那么的精彩，大家也给予了很激烈的掌声，我压力很大啊，这是我遇到的第三个困难；其实，我原本是带了演讲稿的，这样，我在紧张的时候就可以看一下，但现在的问题是，我却忘了戴我的眼镜，这下子，我又遇到了我的第四个困难。”

听众们听完这些后，觉得这个演讲者说的话太饶舌了，也只会耍嘴皮子，谁知道，当他说完这些以后，突然话锋一转，便说到了正题——“但是，我并不胆怯；相反，我充满了信心。我相信，既然我站到了这个讲台上来，我就必定能够鼓起勇气，竭尽全力，让自己体面地走下台去！因为，我选择了这样一个演讲题目——《论男子汉》！”

当演讲者说完，台下响起了热烈的掌声。

人们都有好奇的天性，一旦有了疑虑，非得探明究竟不可。这则案例中，演讲者正是运用了这一点，采取了对比的方法，将一开始的“胆怯”“为难”与后面的“信心”形成鲜明对比和反差，从而将演讲效果渲染到最佳。

的确，在开场白中制造悬念，能激发听众的强烈兴趣和好奇心，在适当的时候解开悬念，使听众的好奇心得到满足，也使演讲前后照应，浑然一体。

我们在演讲开场时使用的悬念的方法有：

1.以物品开头

因为每个人都有好奇的天性，如果心中一旦有了疑团，非得探明究竟不可。为了激发起听众的强烈兴趣，可以在讲话之前，先拿出一件物品，肯定会让在座的听众挺直身子。他们会猜想：他要表演魔术吗？这就引起了听众的好奇心。展示的物品可以是一幅画、一张照片或任何一件其他实物，只要有助于讲话者阐述思想，能引起话题，就用悬念手法。

2.即兴发挥，即景生情

我们在演讲时，不妨以眼前人、事、物、景为话题并加以引申，把听众的注意力不知不觉地引入演讲之中。当然，这个话题最好能生动有趣。这样即兴发挥，能给人耳目一新的感觉。

当然，即景生题不是故意绕圈子，不能离题万里、漫无边际地东拉西扯，否则会冲淡主题，也使听众感到倦怠和不耐烦。演讲者必须心中有数，还应注意点染的内容必须与主题互相辉映，浑然一体。

3.对比法制造演说效果

我们在开场时可以用强烈的反差、对比来引出自己的题目，以期在人心目中留下深刻的印记。这主要指以对比、对照和映衬之类的修辞手法，来引领和导入自己的话题。

当然，我们在使用设置悬念法开场时，不能故弄玄虚，这一方法既不能频频使用，也不能悬而不解。

演讲中的悬念是指听众的一种心理活动，这种心理的产生基础是听众对某种事物的认识有个大致的了解，但现在向他们传达的则是已经变化了的事物，他们对此产生了关心的情绪，甚而把想探个究竟的想法急切地表达出来。

以事实开场，直击人心

任何一个演讲者都知道开场白在演说中的重要作用。任何形式的演讲，开头总是关键。在演讲开始后的几分钟或者几秒钟内，听众通常会决定是否接受演讲，是否听下去。瑞士作家温克勒说：“开场白有两项任务：一是建立说者与听者的同感；二是如字义所释，打开场面，引入正题。”演讲者进行演讲，其目的本身就是为了将所陈述的观点深入人心，引发共鸣，已达到震慑人心的作用。开场白中任何技巧的运用，都不如以事实开头更能获得听者的信任与认同。

1984年5月5日，巴金先生参加了在东京召开的第47届国际笔会，大会总议题是“核时代的文学和作家的关系”。在前面几位著名的作家发言以后，巴老作了精彩的发言。开头是这样的：

在广岛原子弹爆炸十年后，一个12岁的小姑娘发了病。她相信传说，以为自己折好一千只纸鹤就能恢复健康。她躺在病床上一天天折下去，她不仅折了一千只，还多折了三百多只，但是她死了。人们为她在和平公园里建立了“千羽鹤纪念碑”，碑下挂着全国儿童送来的无数只纸鹤。我曾经取了一只用蓝色硬纸折成的鹤带回上海。我没有见过她，可是这个想活下去的小姑娘的形象，经常在我眼前出现，好像她在要求我保护她，不让死亡把她带走。倘使可能，我真愿意用我的生命换回她的幸福！……

这个令人伤感的故事表达了巴金对和平的祈求愿望，一下子就深深地打动了全场听众。接着，巴金过渡到“核时代的文学和作家的关系”这个主题上来，水到渠成，自然妥帖。

作为演讲者，应当能从这个演讲故事中吸取经验，向听者讲述一些事实，会让听者在一开始就对你产生信任。当然，选择事实要遵循这样几个原则：要短小，不然成了故事会；要有意味，促人深思；要与演讲内容有关。

那么，具体来说，作为演讲者，该如何以事实为开场进行演讲呢?

1.用令人震惊的事实开头

它可以使听者从一系列触目惊心的事实中醒悟过来，造成一种“悬念”，使听者急于了解更多的情况。

著名演讲教育家李燕杰在《爱情与美》的演讲中这样开场：“我不是研究爱情的，为什么会想到要讲这么一个题目呢?”然后讲了一个故事：北京一家公司的团委书记再三邀请李老师去演讲，并掏出几张纸，上面列着公司所属工厂一批自杀者的名单，其中大多数是因恋爱问题处理不好而走上绝路的。所以，我觉得很有必要与大家谈谈这方面的问题。

这个故事一下子把听众的注意力集中起来，让他们感到问题的严重性和紧迫性。

同样，演讲者在发表讲话，也可以选用这些令人震惊的事实，意在引起听者的注意、赢得他们的认同。

2.讲述与演讲主题相关的背景知识

相对来说，演讲者发表演说，比一般的谈话更有权威。如果演讲者在演说开始时，能对听众讲述与主题有关的背景知识，那么，不仅能体现出主题的重要性，更能用事实说服听者。

美国空军少将鲁弗斯·L·比拉普斯在夏努特空军基地的一次宴会上作演讲时，就对“黑人遗产周”的有关背景知识及其对美国空军的重要性作了介绍：

我很高兴来到此地，同时我也很感谢应邀和在座各位讨论有关美国黑人问题。为保持和增进民族间的理解，美国各大州又开始纪念“黑人遗产周”。在这夏努特空军基地，我们庆祝它则可以对美国空军进行完整无缺的教育。我们民族的主旋律是：“黑人历史，未来的火炬。”

这个已成为美国人民生活一部分的纪念活动，是弗吉尼亚州纽坎顿市卡特·G·伍德森最先提出并计划的，他现在被誉为美国“黑人历史之父”。伍德森先生于1915年成立了“美国黑人生活和历史协会”。后来，他又于1926年发起了“黑人遗产周”纪念活动……

当然，演讲者在演讲开场白中陈述事实，还有很多途径，这需要演讲者根据具体的演说场景和主题进行论述，但无论任何陈述，必须建立在真实可信的基础上，一切有失真实的言辞都有可能被听者识破而使得整个演说黯然失色。

好的演讲，一开头就应该用最简洁的语言、最经济的时间，把听众的注意力和兴奋点吸引过来，这样，才能达到出奇制胜的效果。如何达到这一效果，方式当然多种多样，但更能引起共鸣的还是无懈可击的事实。

开门见山，快速阐明观点

人们在公共场合讲话、演说，其目的就是能启迪人心、号召听众采取行动，而在开场中，演说者是否能抓住听众的兴致，对于接下来听众是否愿意接纳自己的观点十分重要，为的就是起到启迪人心的作用，因此，我们在确定了演说的主题之后，首先应当考虑的，便是这个主题如何设计结构？如何尽快将自己对主题的兴趣引发听众同样的兴趣？如何以自己对题目的感觉和热情去点燃听众内心的感觉与热情之火？如何以自己对主题的精深理解去启迪听众随着这思路一道共鸣和思索？这些都关乎演讲的成败。

在众多的开场设计中，有一种直击要害的方式，那就是开门见山式。开宗明义、开门见山，是中国传统的作文方法，也符合听众一般的心理要求。有的演讲开头应注意让听众具有一定的心理准备，从而与演讲者建立协调和谐的联系。

有时候，听众的时间是宝贵的，他们也是“自私”的，他们只有在感到能从演说中有所收获时才专心去听演说。演说的开头应正面回答听众心中的“我为什么要听”这一问题。而唐纳德·罗杰斯在开场中就向听众展示了这一点，因此，他便找到了与听众继续沟通的门道。

那么，我们该如何灵活运用开门见山式的开场方式呢？

1.入题要快

我们欲使听众尽早进入状态，接受自己的言论，就必须重视入题的速度和方式两方面的安排。既要“开门见山，一针见血”，这就是“快”；又要有逻辑上的悬念、起伏和跌宕。

这里，强调入题要快，并不是说所有入题都以“开门见山”这样“直”的方式为佳。其实，有时候入题更需要讲求一定的曲折和委婉，尤其要讲求一点逻辑悬念，才有利于入题的引人入胜。因此，有时候，你不妨在言辞上多下点功夫，以悬念抓住听众心理，引起他们的注意和重视。

2.观点鲜明

我们在选用开门见山这一开场方式时，就要观点鲜明。演讲观点鲜明，显示着我们对理性认识的一种肯定，显示着我们对客观事物见解的透辟程度，能给人以可信性和可靠感。演讲稿观点不鲜明，就缺乏说服力，就失去了演讲的作用。

3.感情真挚

我们在开场的时候，演讲言辞就具有真挚的感情，才能打动人、感染人。因此，它要求在表达上注意感情色彩，把说理和抒情结合起来。既有冷静的分析，又有热情的鼓动；既有所怒，又有所喜；既有所憎，又有所爱。当然这种深厚动人的感情不应是“挤”出来的，而要发自肺腑，就像泉水喷涌而出。

马丁·路德·金的《我有一个梦》的演说，为了点明题旨以增强感染力，就反复“描述”了“我梦想有一天”的情景，每一个情景就是一个镜头，连续组成主观与客观相融为一体的连续不断的“画面群”，既强烈地渲染主题，实际上也是一种颇为艺术的点题方法。

4.语言流畅，深刻风趣

我们想把在头脑里构思的一切都写出来或说出来，让人们看得见，听得到，就必须借助语言这个交流思想的工具。因此，语言运用得好还是差，对演讲影响极大。要提高演讲稿的质量，不能不在语言的运用上下一番功夫。

对此，我们不妨运用：

一是使用点出主旨的警句，以起到“余音绕梁”的效果。

在演说开头使用警句，不仅新意盎然，而且颇有深刻寓意，仿佛黄钟轰鸣，余音不绝于耳。

二是艺术地运用熟语，让听众受到感染并乐于接受自己的观点。

熟语，包括成语、民谣之类，通俗易懂，人们耳熟能详。对此，切不可视之为下里巴人而妄加轻视与贬低，相反，熟语很多时候在演讲中也能起到“阳春白雪”的作用。如果演说时，领导干部对此能艺术地加以改造和利用并糅进其他修辞手段加以强化，也有可能赋以新意并铸成警句，从而给人以艺术享受与心灵震动。

总之，我们在演讲的过程中，使用经典的开门见山式的开场方式，能快速阐明观点，能迅速将听众带入规定情境和思路中去。

幽默让开场别具特色

我们都知道，任何演讲，都必须以一定的话术开场。因此，演讲的开场很重要，它可以奠定整个演讲过程的基调。但万事开头难，演讲也不例外。如果开场白毫无新意，那么即使内容丰富、道理深刻，也无法有效地吸引听众，那么，接下来就很可能会出现听众昏昏欲睡的场面。幽默的开场白是演讲者明智的选择，因为这不仅能使台下的听众眼前一亮，而且人在轻松的氛围里能有效地思考问题，从而使自己的演讲抓住人们的心。

通常情况下，演说都是比较正式的，然而，作为演讲者，并不能因为这一原因就一定要端起架子，板起面孔，一本正经地进行演说。实际上，营造幽默轻松的气氛是使演讲易于接受的一种高明的方法。

的确，就演说者来说，如果他一开始讲话就很严肃，那么接下去的演讲就很难活跃起来。而演说者与听众的关系一旦在开始就是疏远和有隔膜的，以后便不好拉近。所以，开场时幽默一下是有好处的。它可以使演讲者和听众都处于轻松的状态，缩短双方的距离。而且，在演讲的正文开始以前，逗乐有充分的自由，有各种各样逗乐的题材和方式。

有一位小伙子在自己的婚礼上的开场白充满了幽默和温情。

“尊敬的各位来宾，大家好！谢谢你们来参加我的婚礼，大家看得出来，我今天很开心，也很激动，因为我终于结婚了，现在，我只能说，千言万语也不能表达我现在的心情，但我知道，无论如何，我必须对所有人说‘感谢’。首先我要感谢所有的亲朋好友愿在这个美好的周末，特意前来为我和她的爱情做一个重要的见证。其次，要感谢我妻子的父母，我想对您二老说，谢谢你们的信任，谢谢你们能把你们呵护了二十几年的掌上明珠交给我保管，我保证，我会一直让这颗明珠灿烂夺目的。最后，我要感谢在我身边的这位在我看来是世界上最漂亮的女人。昨天上了一夜的网，网上说现在世界上男性人口是29.8亿，我竟然有幸的得到了这29.8亿分之一的机会成为你的丈夫，所以我想说，谢谢你。但是此时此刻，我的心里却有一丝深深的愧疚，在认识你之前和认识你之后，我还一直深深地爱着另一个女人，并且就算你我的婚姻也无法阻挡我日夜对她的思念，那个女人也来到了婚礼现场。亲爱的，她就是我的妈妈。妈，谢谢您，谢谢您把我带到了这个世界，让我学知识，教我学做人，让我体会到世界上最无私的爱，给了我世界上最温暖的家。我想说，妈，辛苦您了。此时此刻我很幸福，因为我遇上了这世界两位最最善良美丽女人。”现场响起了热烈的掌声。

这个小伙子的一段开场白实在令人拍案叫绝，这里，他所感谢的对象可谓一个都不少，有他妻子的父母、他的妻子、他的父母以及所有的来宾，令在场的人都为之动容。

事实上，幽默的开场白从一个侧面体现了演讲者的智慧和才华，体现了他对将要进行的演讲充满了信心与期待，所以受众会逐渐由为演讲者的个人魅力所吸引，过渡到为演讲本身所吸引。可见幽默的开场白对于演讲的开展是至关重要的。

那么，具体来说，演说者如何在开场白中运用幽默的素材呢？

1.自我调侃

美国有一位黑人先生约翰罗克在面对白人听众作关于解放黑人奴隶的演说时，他的第一句话是：“女士们，先生们——我来到这里，与其说是发表讲话，还不如说是给这一场合增添一点‘颜色’。”

这是一个自嘲式的开场白。意思是他的出现使全场皮肤的颜色在白色之外添了黑色。听众大笑起来。这一笑就冲淡甚至消除了由于种族差异而造成的心理障碍，使种族问题这一敏感和沉重的话题变得轻松起来，有利于他为自己的观点争取更多的支持者。

2.以“掌声”为幽默素材

1935年，高尔基参加会议时，代表们要求他讲话。他上台后，与会者长时间鼓掌。掌声停息，高尔基灵机一动，微笑着说：“如果把花在鼓掌上面的全部时间计算起来，时间浪费得太多了。”全场报以会心的微笑，大家都很钦佩高尔基的谦虚和机智。

大文豪高尔基的幽默开场别具一格，富于才气。美国著名外交家基辛格也有关于掌声的出色发挥。

总之，演讲活动中，如果你一开始就想要抓住听众的心，就要引出你的幽默力量，当你演讲的时候，要如行家一样把你的幽默力量运用自如，把幽默力量真实而自然地表现出来作为你演讲的重要部分。

第 03 章

言意无穷，让结局更添无尽韵味

恰到好处的结尾让人回味

俗语说：良好的开端是成功的一半。这句话用来说明优秀演讲开头的功用颇为适宜。然而，演讲的结尾同样重要，然而，何时结尾对于很多演讲者来说，也是一个难以把握的问题，因此，我们不仅要对演说开场引起重视，更要懂得如何结尾才能使自己的演说赢得一片“掌声”。我们先来看下面的故事：

恰到好处的结尾可以给听众深刻的印象，其实要结束一次演说并不那么简单，也要讲究艺术。为此，在收尾时，你需要注意的是：

1.结尾要达到高潮

激发高潮就是演讲效果层层推进、逐步向上发展，在结尾时达到高峰，句子的力量也越来越强烈。这种方法是很普遍的结束方式。不过，往往较难控制，但是如果处理得当，这种方法是相当好的。

2.把握好收尾的时间

美国作家约翰·沃尔夫说：“演讲最好在听众兴趣到高潮时果断收

束，未尽时戛然而止。”这是演讲稿结尾最为有效的方法。因为在演讲处于高潮的时候，听众大脑皮层高度兴奋，注意力和情绪都由此而达到最佳状态，如果在这种状态中突然收束演讲，那么保留在听众大脑中的最后印象就特别深刻。

这里，需要我们掌握好时间，使演讲结束得从容不迫，自然得体。这里，我们所说的结尾要有力度，不可贻误最佳的结束时间，当然不是指毫无准备的突然使演说中断。相反，即使演说恰到好处了，也不可冷不丁地来个“问题陈述完毕”“以后再谈吧”等等。为此，这就要求我们审时度势，对于结束演说应事先有个心理准备，并预先留出一点向结束过渡的时间，为结束演说创造一定的条件。否则，在缺乏思想准备的情况下，丝毫没有过渡地突然将演说终止，不仅会给听者留下粗鲁无礼的感觉，还会显得演说虎头蛇尾。

尽管演讲的格式不固定，但要对演讲全文要点进行简明扼要的小结，或以号召性、鼓动性的话收束，或以诗文名言以及幽默俏皮的话结尾。但一般原则是要给听众留下深刻的印象。为此，把握演讲结束的时机很重要，结尾一定要简洁有力，不可草草收场！

在结尾发问，引人深思

读书时，大概我们很多人都曾被老师这样叮嘱过：“今天这堂课同学们有什么心得体会，明天早上每个人交一份作文上来。”这一教学手法是很多教师经常使用的，其目的在于引发思考，强化课堂内容。其实，需要经常进行演说与讲话的我们，也可以采用问题式的收尾方式。我们可以向听众提出问题，甚至是一系列的问题，让听众进行思考。这样的结尾方式优点在于能更好地让观众参与到演讲中来，而且让人深入思考，做到以情感人。

肯尼迪总统的就职演说，开头并没多少新意，更不用说警句了。但快结束时，他连续使用了两个重复的呼告语，使那警句立即凸现了出来，不仅新意盎然，而且颇有深刻寓意：“不要问你们的国家能为你们做些什么，而要问你们能为自己的国家做些什么；不要问美国将为你们做些什么，而要问我们共同能为人类的自由做些什么。”

这里，肯尼迪总统并没有直接向听众发问：能为社会、国家贡献什么，而是采取语气更为强烈的提问方式——对比式提问，引发听众进行一番深入思考。

在实际的演讲过程中，演讲结尾应该简短有力，应该用一句话使听众毫无疑问地明白演讲已经结束。而在没有想好决定性的结束语时，他们只好继续总结，同时不得不努力考虑怎样不留痕迹地收尾。结果，许多人不得不有些沮丧地或用乏味无力的结束语收尾。而实际上，如果你

能够把问题留给听众，那么，整个演讲就显得有头有尾，也能为自己免除很多烦恼了。

那么，我们应该怎样采用问题式的收尾呢？

1.提出简洁明了的问题，不可卖弄关子

听众的时间都是有限的，这要求身为演讲者的我们说话简短有力，而不是洋洋洒洒没完没了。如若那样，只会招来听众的反感。同样，在演说收尾时，我们提出引发听者思考的问题，也应简洁明了，不可卖弄关子，否则，则会让听者产生厌恶情绪，对你的问题自然也没有任何思考的兴趣了。

2.让听众在“是”或“否”之间做选择

顾名思义，就是演讲结束时，我们要让听众在“是”或“否”之间选择、在两个或若干答案之间选择。其实，关于这些问题，我们在演说的过程中，已经有很明确的答案。但如果你直接说出来，则会大大减少答案的说服力，也会减弱演讲者与听众间的联系。

理想的情况是，你应当在需要回答的问题上投入一定的时间和精力，并且顺带着强调你的主题句和你对听众的要求。因为只有那些有一定深度同时又能让听众“一语惊醒梦中人”的问题才能真正起到震慑作用。

3.所提问题要与主题紧密相关

任何与演说主题无关的问题，都是无价值的。领导干部在演说收尾时的问题，如果偏离了主题，那么，不仅向听众说明你的演说能力水平低，还很容易迷惑听众。

在演说结束时搭配一个问题，可以起到强化演说主题、令听者深入思考的效果。比方说，在演讲过程中你曾穿插一个故事，那么结束时你可以多问一句："如果你是那个男孩，你会有什么答案呢？"把问题抛给听众，让他们像是带回一个功课，回去可以好好想一想。

在演讲中，精美的结尾就恰如一串珍珠中最灿烂的那一颗，重要而光芒四射。因此，你设计的最后一句话一定要像第一句话一样简洁有力。只要精心构思，反复锤炼，使之别具韵味，就一定会使演讲获得理想的成功！

收尾时的提问是我们创造一个成功的演讲时可以利用的、极好的帮手。它还可以帮助我们深化主题句在听众中的影响力，也可以帮助我们维持或者进一步增强你与听众之间的联系。

提出希望，感应号召

我们都知道，我们在公共场合发表演讲，都是有目的的，而如何让听众接纳并按照我们的想法采取行动，其中一个重要的方法就是在演说结束时提出希望，直接表明我们的演说目的。

同志们，朋友们，我们正处在一个伟大变革的黄金时代，经济的发展，国家的富强，民族的振兴，需要全体人民的艰苦奋斗，特别是共产党人要起模范带头作用。如果每一个共产党员都能正确处理好“小家”和“大家”的关系，严格地按党性原则要求自己，用党的纪律约束自己，用党旗下那神圣的誓言激励自己，那么我们党的形象将会更加光彩照人，我们党将会更加坚强伟大！

的确，“编筐编篓，重在收口”。演讲收尾部分往往是点睛之笔，既是收尾又是高峰；既水到渠成，又戛然而止；既铿锵有力，又余音袅袅；既别开生面不落俗套，又来得自然，能给人以强烈的印象。然而，无论我们在演说时追求什么艺术效果，在结尾时都必须要达到总结陈词、点醒听众的作用。要达到这一效果，我们可以采用号召的结尾方式。

在使用这一方式的结尾，我们可以这样做：

1.提出希望

在演讲结尾时，我们可以向听众提出我们的希望，表达出我们对某一问题具体的深刻的认识和独到的见解，进而表达我们希望听众能采取具体的行动，这样能让听众精神为之一振，具有动人情，促人行的作用。

2.抒发感慨

任何演说，都有自己的核心思想，我们可以在演说结尾抒情怀、发感慨，而把这些思想注入自己的情感，最易激起听众心中感情的浪花。如演讲稿《奉献之歌》的结尾：

啊！奉献，这支朴实的歌，这支壮烈的歌，这支深远的歌，这支永远属于母亲——我们的祖国的歌，让我们每一个中华儿女都来唱这支歌吧！

这个结尾，感慨万千，诗意浓浓，情真意切，给听众以极大的鼓舞和力量。

3.鼓舞人心，警醒听众

我们使用这种收尾方式突出重点时，应当注意，演说的目的重在鼓舞人心，而不可危言耸听。

4.给予评价

评价式结尾在令人思索的同时，也能给人力量。

5.请求采取行动

演讲的目的不仅在于传达某种观点，更要有实际效用。成功的演讲者在讲演中说最后几句话时，会号召听众采取某种实际行动，并表明时机已经成熟。当然，我们在请求采取行动时，要遵循三点原则：

一是要求他们做明确的事；

二是要求听众做能力之内的反应；

三是尽量使听众易于根据请求采取行动。

另外，我们在演讲收尾前，应早有准备，要熟记自己的结束语，这样在总结陈述时可以始终保持与听众的目光交流。结束讲话后，短暂地收回目光，然后重新与听众进行目光交流。这时，你会感到大家的注意力又从演讲内容转移到你身上。这时不要忘记为听众留下肯定的自我印象，从而不至于削弱最后一句话的效力。

号召式结尾是演讲者用提希望或发号召的方式结尾，以慷慨激昂、扣人心弦的语言，对听众的理智和情感进行呼唤，或提出希望，或发出号召，或展示未来，以激起听众感情的波涛，使听众产生一种蓬勃向上的力量。

煽动的结尾，更易博得喝彩

结尾对于演讲的重要性早已毋庸置疑。一个演讲者能在结束时赢得笑声，不仅是自己演讲技巧十分成熟的表现，更能给本人和听众双方都留下愉快美好的回忆，也是演讲圆满结束的标志。

在所有的结尾方法中，幽默是最能被听众接受的了。演讲者在公共场合的演说，如果也能以用幽默、风趣的语言结尾，那么，可为演讲添加欢声笑语，使演讲更富有趣味，令人在笑声中深思，并给听者留下一个愉快的印象。

当然，演讲者利用幽默结束演讲时，要做到自然、真实，使幽默的动作或语言符合演讲的内容和自己的个性，绝不要矫揉造作、装腔作势。否则只会引起听者的反感。

那么，怎样才能达到这种效果呢？

1.造势

我国著名作家老舍先生是好幽默的。他在某市的一次演讲中，开头即说“我今天给大家谈六个问题”，接着，他第一、第二、第三、第

四、第五，井井有条地谈下去。谈完第五个问题，他发现离散会的时间不多了，于是他提高嗓门，一本正经地说："第六，散会。"听众起初一愣，不久就欢快地鼓起掌来。

老舍在这里运用的就是一种"平地起波澜"的造势艺术，打破了正常的演讲内容，从而出乎听众的意料，收到了幽默的效果。

2.省略

因为，从"第一"一下子跳到"最后"，中间省去了第二、第三、第四……这样的讲话，如天外来石，出人预料，达到了石破天惊的幽默效果，确实是风格独具，心裁别出。

3.概括

某大学中文系一次毕业生茶话会，首先是系党总支书记讲话，三分钟的即兴讲话主要是向毕业生表示祝贺。然后是彭教授讲话，主题是希望同学们继续努力学习，还引用了列宁的名言。第三个讲话的潘教授朗诵了高尔基的《海燕》片断，以此勉励毕业生们学习海燕的精神。第四个讲话的系副主任希望同学们永远记住母校和老师们。紧接着，毕业生们欢迎王教授讲话。在毫无准备而又难以推辞的情况下，王教授站起来，先简单地回顾了数年来与同学们交往的几个难忘片断，最后一字一顿地说："前面几位给大家提出了殷切的希望，可我还是喜欢说他们说过的话。（笑声）第一，我要祝同学们胜利毕业！（笑声）第二，我希望同学们'学习、学习、再学习'。（笑声）第三，我希望同学们像海燕一样勇敢地搏击生活的风浪。（笑声、掌声）第四，我希望同学们不要忘记母校，不要忘记辛勤培育你们的老师们！"

在这里，王教授通过对前面四个人的演讲主题的简练概括，旧瓶装新酒，不落窠臼，结束了一次机智、风趣且具有个性特点的演讲。

4.对比

鲁迅先生在结束《在上海中华艺术大学的演讲》时说：“以上是我近年来对于美术界观察所得几点意见。今天我带来一幅中国五千年文化的结晶，请大家欣赏欣赏。”说着，他一手伸进长袍，把一卷纸慢慢从衣襟上方伸出，打开一看，原来是一幅病态丑陋的月份牌。顿时全场大笑。

鲁迅先生借助恰到好处的道具表演，与结束语形成鲜明的对比，极具幽默。不仅使演讲在欢快的气氛中结束，而且使听众在笑声中进一步品味先生演讲的深意。

5.双关

在延安的一次演讲会上，当演讲快结束时，毛泽东掏出一盒香烟，用手指在里面慢慢地摸，但掏了半天也不见掏出一支烟来，显然是抽光了。有关人员十分着急，因为毛泽东烟瘾很大，于是有人立即动身去取烟。毛泽东一边讲，一边继续摸着烟盒，好一会，他笑嘻嘻地掏出仅有的一支烟，夹在手指上举起来，对着大家说：“最后一条！”

这个“最后一条”，其实是最后一个问题，又是最后一支烟。一语双关，妙趣横生，全场大笑，听众们的疲劳和倦意也在笑声中一扫而光了。

6.借助动作

借助幽默的动作来结束演讲，这样的例子虽很少见，但不乏珠玑。

紧扣话题的传神动作表演，惟妙惟肖，天衣无缝，怎能不赢得现场听（观）众的热烈掌声和欢笑声！

演讲的幽默式结尾方法是不胜枚举的。关键是演讲者要具有幽默感，并能在演讲中恰如其分地把握住演讲的气氛和听众的心态，才能使演讲结束语收到“余音绕梁，三日不绝”的轰动效应。

第 04 章

胸中有物，体验说话思辨的力量

深厚的底蕴让语言更风趣

通常一个说话风趣幽默的人，他的文化底蕴是较为深厚的。因为幽默是最能表达其修养与涵养的方式，因此古今中外，所有说话幽默与富有风趣的说话者，无不受到大众的欢迎和敬佩。幽默生动的语言可以更有效地传情达意，增加互相了解，说话者以幽默坦然待人，这可以使听众解除心理上的顾虑，从而缩短彼此心理上的距离。另外，在公众场合运用幽默贴切的语言，会使听众有畅所欲言，表露真实感受的想法，这时说话者就可以了解听众的愿望、动机以及目的。

对于公开场合的说话，获得听众的好感才是说话成功的关键之一，而幽默正是获得听众好感的有效方法。在较为正式或严肃的说话过程中加上幽默贴切的语言，往往会让气氛活跃起来，同时也让说话者的紧张感在笑声中得到松弛。

说话者风趣幽默，也需要其本身具备一些基础和条件，也就是具备一定的文化底蕴，这样才能让话语充满风趣幽默和真情实感。

1.较高的文化修养和语言表达能力

说话者语言修养高、文化知识丰富，对古今中外、天南海北、历史典故、风土人情等各种各样的知识都有所了解和掌握，再加上丰富的语汇、灵活多样的语言表达方式，这样说起话来就会得心应手，自然就容易活泼、生动有趣。

幽默说话是说话者聪明才智的标志，它要求有较高的文化素养和较强的驾驭语言的能力。但是，在说话过程中，幽默只是一种风格，一种手段，并不是目的，不能为幽默而幽默，一定要根据具体的题旨语境，适当选用幽默的语言。

2.高尚的情趣和乐观的信念

通常幽默的语言是建立在说话者有较高的思想境界和较高的涵养上。如果是一位心胸狭窄、思想颓废的人，他是不会幽默的。恩格斯曾经说："幽默是表明人对自己事业具有信心并且表明自己占有优势的标志。"因此，幽默永远是属于那些拥有热情的人，属于那些生活的强者。

3.较高的观察力和想象力

说话者在说话过程中，幽默的说话具有反应迅速的特点，这就要求说话者本身必须思维敏捷、能言善辩。而这往往是来自于对生活的深刻体验和对事物的认真观察。说话者只有具备了较高的观察力、想象力，才能在说话过程中灵活地运用比喻、夸张等方式讲出幽默的话语。

实际上，那些幽默风趣的说话风格往往来自深厚的底蕴。幽默在生活中无处不在，幽默的素材也是无处不在。只是作为说话者的你是否有那敏捷的思维以及发现素材的慧眼。幽默贴切的语言就是生动形象的语言，同时也是让听众饶有兴致听下去的语言。

言之有物，树立威信

当众发言，我们都希望自己的言辞有威信，只有这样，听众才愿意信任我们。要达到这一目的，我们说的话就要言之有物。然而，在现实工作中，不知道从什么时候起，我们发现，不少人尤其是一些领导干部们开始热衷于四平八稳、滴水不漏的空话套话。在媒体面前、在会议室、在工作中，员工们所听到的永远是千文一面的发言、表情呆滞的公文，很难听到生动、形象，能给人留下深刻印象的话。当然，所造成的结果是下级不服从，工作效率一落千丈。

当然，仅仅学会说话还不够，重要是要敢于说真话。当众说话，若是缺少了真实这个前提，那么，再生动的话仍摆脱不了空话套话的痕迹。一些人在说话的时候，就是不会说实话，只会教条式地把一些话搬出来，显得空洞无味。其实，我们可以在说话的时候，用生活中很浅显的道理来表达自己的想法，实实在在，就会让人清楚地明白你想要表达的意思。我没有必要把一些华而不实的语言用到自己的说话中，毕竟说话并不是写优美的文章，你的说话重要的是要让听众明白你的意思，所以尽量多说实在话，少说一些冠冕堂皇的话。

当众说话时，如果你对你所达到的目的不是很明确，只是在那里东拉西扯，就会让你的表意不明确，他人对你的讲话也是听不出个所以然来。

那么，当众发言我们该如何说才能言之有物呢?

1.话里要有“内容”

我们说话的时候，要善于在自己的讲话内容中渗透知识性、科学性、实质性的内容，说话既深刻又要有力度，这样才能够给下属提供尽可能多的、有价值的信息，让听者感到“听有所获”，而不是觉得是“白听了”。

2.与时俱进

我们发言，思想要洋溢着时代气息，不断吸取发展着的、创造性的思想营养和语言营养成分，让语言充满生机和活力，而不能尽是一些老掉牙的话语，尤其是行业内的领导，更应该有卓越的见识，能够走在时代的最前面，高瞻远瞩地把握全局。

3.目的明确

我们在说话的时候，就应该明确自己的目的。坚持话由旨遣的原则，明确你说话的目的，是说话取得成功的首先条件。只有明确了目的，才知道应准备什么话题和资料，采取哪种语体风格，运用哪些技巧，从而能够有的放矢，临场应变。如果目的不明，不顾场合地信口开河、东拉西扯，下属就会不知所云，无所适从。

4.说“明白话”

说话首先就是靠人的听觉接受的，要想让听者能听得清楚、听得明白，我们就尽量少用那些晦涩难懂的书面语，多使用一些通俗易懂的明白话。语言要做到通顺流畅、语气很自然、节奏明快，我们说出来朗朗上口，他人听起来也就赏心悦目。

总之，我们当众发言，所说的话并不是形式主义，如果说套话、假话，肯定会失去威信，也会造成发言者与听者之间缺乏信任。所以，当众发言，尤其是领导说话要“言之有理、言之有物”，这样才能与听者之间建立牢固的信任关系。

引经据典，让表达更生动

杜甫有诗云“读书破万卷，下笔如有神”。意思是说只有通过不断的知识积累才能够笔下有物，不至于词语枯竭，思维阻塞。其实说话和写文章属于同样的道理，两者只是口述与用笔的不同罢了。目不识丁的人永远不可能口吐莲花，脱离了文学知识的修养，便不会有口吐莲花的口才，一切只能是不切实的幻想而已。缺少知识，就不会对事物有一个正确的见解，带稿演讲已经十分艰难，更别说演讲了。

俗语说，“冰冻三尺，非一日之寒”。想要成就一次精彩的演讲，想要一开口就能言之有物，一方面要掌握一定的演讲技巧，另一方面要注重平日里的锻炼和学习，在平日里多积累词句，充实自己的内在。

常言道："工欲善其事，必先利其器。"要想会说话、说好话，首先必须充实知识，因为知识积累可以丰富口语表达的内容，可以使口头表达更加准确，可以使口语表达更加生动。

知识是人们在社会实践活动中所获得的认识和经验的总和，是口语表达内容的坚实基础，也是形成优秀口才的必需。卡耐基在《语言的突破》这本书中强调："在这个世界上，全新的事物实在太少了。即使是伟大的演说者，也要借助阅读的灵感和来自书本的资料。"

对于当众讲话来说，演讲的重点在"讲"，口才在演讲中的重要性由此可见。对需要演讲的我们来说，写好了演讲词，不一定就讲得好；而要想讲好，也就必须能写出好的演讲词。其正如一个歌唱家歌唱的前提是作曲家能作出动听的曲子。真正的演讲家，既要善写，还要会讲，即既要有文才又要有口才。因为一个人的演讲内容，直接体现在掌握各种知识的程度，也就是说，一个有实力的演讲者，必定是个同时兼备超凡脱俗的智慧、有深刻广博的思想内容和完美的演讲技巧的人。我们只有做到博学多识，才能在演讲中旁征博引，让演讲更具吸引力。

你若希望博闻多识，以培养自己的演说语言，可以从以下三种途径获得：

1.系统学习语言基础知识

这里的语言基础知识，指的是语法、逻辑和修辞方面的知识，以提高口语表达的正确性、生动性和严谨性；

2.系统地学习和掌握副语言特征和体态语言等方面的知识

以便更好地展现表达者自己的精神风貌、情绪感受和个性特征。

副语言特征主要包括音质、音强、音色、语气、语调、语速、节奏等，体态语言主要包括表情、神态、动作、身姿、手势等；

3.坚持积累和吸收优秀的语言养料，做好词句的积累

古往今来的实践证明，不断地在生活中为自己补充新鲜的语言信息，是提高语言素养永不枯竭的源泉。而要提高语言知识养料，方法众多，在日常生活中，你可以借鉴经典名家的演讲、大量阅读中外名著、在现实生活中学习那些有生命力的活语言等。

另外，在日常生活中，我们还应广泛地阅读。古人有言“家事国事天下事，事事关心”，那么要想成为一个关心天下事的人，就要进行广泛地阅读。从报纸、杂志、书本上了解社会动态，国家大事，通过对这些动态和变化的了解和思考，提升你的分析能力和辨别能力。

平日里，我们每天都要和报纸杂志和书本打交道，那么在阅读的时候，最好养成做笔记的习惯，在阅读的时候，准备一支笔和一个笔记本，把一些好的句子和观点记下来，哪怕是每天只记上一两句，但是随着时间的推移，就会积土成山，你的文化修养也就有了显著的提高。文化修养得到提升之后，看问题就能更深刻，就能够通过现象认识本质，从而在讲述一些问题的时候也就避免了盲目和肤浅。

与时俱进，让话题更新鲜

朱熹在《礼记大学》中有这样一句话：“苟日新，日日新，又日新。”意思是说，如果能够一天新，就应保持天天新，新了还要更新。演讲也是如此，有新意，才能给人耳目一新的感觉。一个演讲者，他就应该时刻关注时事，具备卓越的见识，如此你的眼光才会看得更远，也才能走在时代的最前面，而你的话题才能真正地与时俱进。

英国作家王尔德有这样一句名言：第一个把女人比作花的是天才，第二个把女人比作花的是庸才，第三个把女人比作花的是蠢才。人们总是喜欢新生事物，哪怕是听人讲话，如果人云亦云、鹦鹉学舌，或者虽是自己的语言，但老是陈词滥调，就很难吸引人。所以要常变常新，不落俗套，做到有独到的见解。说话者要时刻为自己的话语增添一些新鲜元素，使自己的语言充满新颖，而不是尽讲一些过时之论，这样就让人对你的能力产生质疑。

有人向这位王教授讨教秘诀，但他只是说：“我每天花了一小部分时间来阅读报纸，或者看看时事新闻，这样我所接触到的新鲜话题和新的语言就比较多了。”如果你天天不看报纸，不看电视，每天发生的大事情你也不知道。那如果在办公室举行的茶话会，你是难以融入的，因为他们所说的都是最新的消息，而那些对于你来说是全然陌生的，你唯一的举动就是睁大眼睛一脸茫然：“有这事吗？我怎么没听说呢？”那你就只能有当听众的份儿，而无法成为演讲的主角。

那在实际演讲中，我们如何才能真正地做到与时俱进呢？

1.语言有时代性

当你关注时事的时候，你会发现几乎每隔一段时间都会有一些新鲜的词语出炉，而这些语言就是需要你去学习的，并将它融入到你的说话中去，让你的语言更具时代性、新颖性。

2.话题新颖

这个世界每天都在发生大大小小的事情，如果你的话题还停留在前年或去年发生的事情，那表示你的视野已经落伍了。你应该将新近发生的事情与自己的说话联系起来，从而让自己的话题更具新颖性。

“与时俱进”就是演讲需要洋溢着时代气息，不断接收新鲜信息，充实头脑，壮大自身语言的组织能力，提升演讲的整体水平。

善于发现，让说话内容更饱满

通常人们看电视都是为了打发时间，或是排遣寂寞。人们看电视时主要是依据个人兴趣爱好，比如有人喜欢音乐，有人喜欢看电影，有人喜欢财经类、新闻类、体育类等节目。不过，在看电视的过程中，我们很容易忽视电视节目给我们带来的另外一个作用，那就是节目中的某些故事、某句台词可以构成我们说话内容的素材。这样的作用是自然而然的，有时你在说话时会不自觉地说“我那天看到的那个感人故事，真的是一边流泪一边看完的”“昨天新闻报道了一个奇怪的现象”等，诸如此类的话语，其实这就是不知不觉地在引用节目中报道内容。

当然，在节目中挖掘出说话时所需要的材料，还需要我们选择合适的电视节目。人们看电视节目就是为了放松心情，当一天工作忙碌了下来，精神疲惫，希望能通过娱乐性较强的节目来放松自己，使自己得到休息。在这种情况下，人们很少会想到通过节目来学习积累知识和说话素材，而更容易被那些娱乐性节目吸引，比如，选秀节目、肥皂剧等。诚然，并不是说娱乐性的节目就不能挖掘到可用的素材，而是相比较那些有品位的节目，这些娱乐性节目能提供的有价值素材会相对比较少而已。

从电视节目中我们应善于发现什么样的说话素材呢？

1.感人的故事

每个电视台差不多都有真人真事的报道，从这些节目中我们可以更多地了解到一些感人的故事。比如智障妈妈独自抚养一个弃婴，这样感人的故事可以穿插在我们的当众说话中，当然，在使用具体材料时还需要考虑是否恰当。

2.经典的台词

近年来，几乎每年网络上都有一些本年度最流行语言的总结，比如那些经典的台词，主持人颇有哲理的一些语言，这些都可以成为我们说话内容的组成部分。

3 .热点新闻及时事动态

每天发生的那些热点的事情，以及最近的时事动态，这些也都可以成为我们的谈资。

第 05 章

身陷囹圄，练就化解窘境的技巧

如何解救冷场，扭转气氛

演讲中，可能不少人都遇到过这样的情况，或许因为你的语言失误，或许因为听者对你所演说的内容不感兴趣，原本活跃的现场气氛一下子冷淡下来，造成演讲的冷场。当然，这一局面出现的根本原因在于我们的话没有吸引力。听者仅仅是出于纪律的约束或礼貌而扮演一个“接受”的角色。对于演讲者而言，冷场无疑像是“冰块”，会令其窘迫。

1973年阿以战争爆发之后，美国代表前往中东，告诉以色列：“请坐下来，与埃及政府谈谈看。因为如果你们不这么做的话，很可能就会有人发动第三次世界大战。”他们的反应很可能会被很多人误以为谈判进入了死胡同——“好吧，我们可以和他们谈，可我们想首先声明一点，有一件事情是绝对无法谈判的。无论出现什么情况，我们都绝对不会退出西奈沙漠。我们在1967 年时就占领了这个地方，我们的许多油井都在那里。我们绝对不会退出西奈半岛。”

埃及代表告诉对方：“可以。我想我们知道西奈沙漠对你们有多重要了。你们的油井在那里。你们在1967 年时就已经拥有了这块土地。好吧，那就让我们先把这个问题放到一边。讨论另外一些重要问题吧。”

这里，我们并不否认，埃及人对西奈地区的态度同样坚决，他们要求以色列一定要从西奈地区撤军，可通过使用暂置策略，埃及人先暂且放下了主要问题，转而解决其他一些小问题，并在这个过程中为后面的谈判积聚些能量。这样，当埃及人重新把谈判的重点转回西奈地区撤军问题时，这个问题似乎就不是那样无法解决了。而最终，以色列人最终还是从西奈撤走了军队，虽然他们当初曾反复重申自己绝对不会撤军。

那么，在遇到冷场后，我们该如何重新扭转局面呢？我们可以掌握以下方法：

1.转换话题

所谓变换话题，指的是我们在当众讲话的过程中，如果遇到冷场或者某些尴尬的话题时，可以通过暂时变换话题的办法重新吸引听众的注意力、调动听众的情绪。这其中就包括穿插一些趣闻轶事。

遭遇冷场，我们如果能恰当而又适时地讲述一些趣闻轶事，便能抓住人们渴望趣味的视听倾向，会使混乱或呆板的演讲现场马上活跃起来，听众的注意力也被迅速地集中到演讲内容上。这时演讲者仍要回到原有话题的轨道，而效果就会理想得多。因为趣闻轶事是人们在生活中津津乐道的闲谈资料，生活中的许多情趣即由此而来。

一次曹操与刘备饮酒，曹操想试探一下刘备的野心。于是，在喝酒的时候曹操以手先指刘备，后指自己，说道："今天下英雄，唯使君与操耳！"刘备闻言，吃了一惊，手一晃，手里拿的筷子掉到了地上。当时大雨将至，雷声大作。刘备就从容地弯下腰把筷子捡起来说道："一震之威，乃至于此。"曹操笑着说："丈夫亦畏雷乎？"刘备说："圣人迅雷风烈之变，安得不畏？"将闻言失箸（筷子）之故，轻轻掩饰过去了。曹操于是就没有怀疑刘备。刘备在惊慌落箸之后，机敏地利用雷声把谁是英雄的话题岔开，转移了曹操的注意力，才化险为夷。

2.制造悬念，激发听众的兴趣

一个高明的演讲者，都会活跃演讲气氛，他们很善于制造悬念。一个好的悬念能起到拯救演讲危机、让自己再度成为听众注目的焦点的作用。

因此，在演讲中制造悬念，可以有效地吸引听众的注意力，使演讲内含的信息和情感得以准确传达。如果我们能在出现冷场的情况下，适时地制造一两个悬念，确实是重新吸引听众注意力的非常有效的办法。

普列汉诺夫曾有一次在日内瓦演说的经历，演讲内容是有关于《无产阶级与农民》的，当时会场乱哄哄的，普列汉诺夫根本无从开始演讲，此时，他并没有示意大家安静，而是双手交叉在胸前，目光嘲笑地扫视着会场。看到他的这一动作，会场的一部分听众安静了些，此时，他大声说："如果我们也想用这种武器同你们斗争的话，我们来时就会——（他停顿了一下，大家以为他会说，带着炸弹、武器、棍棒，然而他说出的话却出人意料），我们来时就会带着冷若冰霜的美女。"此语一出，整个会场笑声一片，甚至连一些反对者也笑了起来。普列汉诺夫见时机已到，话头一转，又重新回到了演讲的正题上。

3.让听众积极参与到演讲中来

一位领导正在面向群众进行普法意义的演讲，由于话题具有一定的专业性，听众的注意力出现了分散，进而不少人开始交头接耳起来。这时，这位领导者及时提出了这样的话题：“请开小差的同志们想想，如果我们自己的权益受到了侵害，我们又将怎样来寻求法律的帮助呢？”这样一来，交头接耳的听众也就能重新将注意力转移过来。

造成演讲冷场的原因之一，就是我们单向地陈述问题，而听众被动地接受信息。也就是说，如果我们在以自己的演讲词和形象的语言来感染听众的同时，听众的积极回应也有利于推动演讲的顺利进行。

因此，要改变这种尴尬局面，可以从此处入手。比如，我们可以向听众提出富有针对性和启发性的问题，可以调动听众参与演讲活动的热情，使他们意识到，自己也是整个演讲的一个重要组成部分，这样会有效地避免冷场和打破冷场。

任何一个演讲者都希望听众在轻松、活泼的氛围中接受自己的意见和观点，因此，一旦出现冷场，我们就要想方设法把气氛拉回来。

冷静不慌张，忘词也能衔接

对于很多演讲者尤其是那些初次登台人来说，忘词是他们经常出现的情况。可能你事先已经准备得很充分，但却因为紧张、经验不足的原因，在说话时突然出现大脑空白的现象，甚至有一些人一站上演讲台就开始忘词，这种情况下，我们该怎么办？

演讲中如果忘了演讲词，演讲者千万别让自己"卡壳"时间太久，而应强使自己集中思想，争取在两三秒之内回忆忘掉的词语。实在想不起来，可根据原来的意思另换词语，或者干脆另起一行，将下一段内容提上来讲。但前提是我们要冷静下来，不可因为忘词就紧张、乱了阵脚。

明明是一名高三学生，作为学校的优秀学生代表，他即将代表全校学生去参加市里的演讲大赛，虽然明明已经参加过很多次规模大小不一的比赛，但他还是有点紧张，不过他还是做足了充足的准备。

这一天很快来了，登台之前，他长吁了一口气，缓解了一下紧张情绪，然后他开始不紧不慢地讲了起来："亲爱的老师、同学们，大家好……"演讲进行到快半小时的时候，明明突然脑袋短路，不知道该怎么说了，但明明是个有比赛经验的人，他有着良好的心理素质，他一边在思索演讲稿中接下来的片段，一边说："说到这里，今天的天气有点热，想必大家也有点渴了，也都想喝水，当我们大家手边的水杯的时候，有没有想到水对于我们的生活是多么重要……"很快，明明又将话题引入到了他要说的主题上，演讲也就衔接下去了。

案例中高三学生明明在演讲忘词的情况下并没有中断演讲，而是迅速转移到与演讲主题相关的话题上，进而使演讲顺利衔接下去。

演讲中，当我们忘词的时候，我们可以使用以下三种衔接的方法：

1.插话衔接法

当你忘却内容的时候，立即插入一两句与演讲内容有关的问话。利用短暂的时间，加速回忆下面要讲的内容。

比如讲着讲着忘词了，这时切不可停顿，你应当面向广大听众问一句："同志们，前面这一部分我不知道大家是否听清楚了?"话音落后，你就可以扫视全场，而就在扫视的瞬间，就完全可以想起下面应当讲的内容了。一旦想起，你就可以说："好，既然大家听清楚了，我就继续讲下去。"

2.跳跃衔接法

演讲者常常出现的忘词，并不是把后面的全部忘掉了，而仅是把下段的第一句或整段忘记了。这时只好随方就圆，哪里没忘，就从那里接着讲下去。这就是跳跃衔接法。用这种方法虽然丢掉了几句话，甚至一个段落，但它总不至于因中断而破坏了演讲的气氛，涣散了听众的注意力，影响整个演讲的效果。

当然，这里还需要考虑到的是，如果你所忘记的几句话对于整个演讲主题来说比较重要，而你在跳跃衔接后又想起来了，你可以采取在收尾前补充的办法。比如可以这样说："这里值得一提的是……"就可以把忘掉的重要段落补充进去了。

3.重复衔接法

所重复衔接法，就是一旦忘却的时候，要把最后这句话再加重语气重复一遍。这样，往往能使断了的思维链条再衔接起来，使演讲顺畅地继续下去。

这里，你所重复的内容是刚刚讲过的，所以不存在什么负担，而且好处是：能够给你争取足够多的时间来想出你忘记的内容。把之前讲过的要点复述之后，再接着讲接下来的内容，这样你就能以一个平静的心态继续讲下去。

比如前段演讲最后一句话是："我理解了他们的爱吗？我懂得爱他们吗?"而后段前句话是"从那以后我变了"。一旦前段讲完了，而后一段的前句话又忘了，这时，你可以有意地加重语气，重复讲一遍前段最后的那句话"我懂得爱他们吗?"往往就在重复的这一瞬间，便想起了后段的第一句话"从那以后我变了"。这样，演讲就可以继续下去了。

当然，解决演讲忘词的方法可能还有更多，但在这种情况下，最重要的还是要有好的心理素质，所以我们平时要多注意锻炼自己，在锻炼中提高自己沉着稳定的心理素质和随机应变的能力。

事实上，演讲过程中忘词，其实这是一种非常普遍的现象。如果你留心观察，你会发现在工作当中的每一次会议上其实忘词会经常出现，而且在一些大型的晚会上，尤其是一些现场直播的晚会，主持人还有节目的表演者，他们也会经常忘词。我们要稳定自己的情绪，故作镇定，才能在轻松的氛围中继续演讲。

任何一位演讲大师，总是能掌控场面，即使在遇到忘词的情况下，依然会活跃演讲气氛，一句轻松的话就能有效地吸引听众的注意力，使演讲内含的信息和情感得以准确传达。

一笑而过化丑态

人生是条单行线，生活不能彩排。遭遇尴尬或造成尴尬的情况都是难免的，甚至是“司空见惯浑闲事”。演讲中同样如此，尴尬的出现也并非是有人故意使绊，有时候，也是由于我们自身疏忽造成。此时，如何应对尴尬是一门不小的学问，有着应用性和实践性，反应出一个人的修养、机敏和智慧。那么，如何将尴尬巧妙化解呢？其实，面对这些尴尬瞬间，我们不妨一笑而过。

传说古代有个石学士，一次骑驴不慎摔在地上，一般人一定会不知所措，可这位石学士不慌不忙地站起来说：“亏我是石学士，要是瓦的，还不摔成碎片？”一句妙语，说得在场的人哈哈大笑，自然这名石学士也在笑声中免去了难堪。

再如，一位胖子摔倒了，可说：“如果不是这一身肉托着，还不把骨头摔折了？”换成瘦子，又可说：“要不是重量轻，这一摔就成了肉饼了！”

又如，获得奥斯卡最佳女主角奖的雪莉·布丝莱上台领奖时，由于跑得太急，上台阶时绊了一下，差点摔倒。她在致辞时说道：“我经历了漫长的艰苦跋涉，才到达这事业的高峰。”这句应变的开场白简直妙不可言。她将上台领奖遇到的挫折与拍电影历经的艰辛巧妙地结合在一起，既揭示了达到事业顶峰的真谛，同时又化解了险些摔跤的尴尬，可谓一举两得。

同样，演讲中对付尴尬和难堪的局面，要想摆脱窘境，就要及时调整心态，做到拿得起，放得下，想得开。这样不仅可以使自己不满的情绪得到平衡和缓解，还可以使别人对自己有一种全新的认识。

在实际演讲中，相信不少演讲者都遇到过这样的一些窘态，比如上台演讲时不小心跌倒了，或听众发笑时才发现自己衣服扣子扣错了，或拉链没拉好，或帽子戴歪了，遇到这种情形，演讲者多半会感到尴尬。笨拙的化解方法是，演讲者可以跟着听众笑到一块，在笑声中恢复常态。对此听众一般是不会介意你的失误的。高明的化解方法，当然是演讲者能够借事发挥，说几句补救的方法。

1.冷静应对，从容大度

有一位叫阿丽的女孩，虽然没有出众的容貌和迷人的身材，但为人性情开朗、正直、幽默，许多人一旦和她交往几次，往往就被她的幽默所吸引，不知不觉地感受到她的魅力。

有一次，阿丽参加同学聚会，和同学们回忆着大学时代的美好生活。不料主人在招呼客人时，一不小心将一盆水打翻，全洒在了阿丽的脚上，把她那双新皮鞋泼湿了。主人不知所措，显得十分尴尬。阿丽却从容镇定地说："一般正常情况是洗脚之前先脱鞋。"一句话，使满屋的人都笑了起来，难堪的气氛也一扫而光，大家更加佩服阿丽了。

这里，我们发现，女孩阿丽是一个大度、幽默、可爱的人，在面对他人不小心将水泼到了自己的新鞋上时，可能很多人都会沉不住气，甚至大发雷霆等，但阿丽却轻轻松松地开了个玩笑，不仅解除了双方的尴尬，还给众人留下了好印象。

2.适当自嘲

1991年9月19日，对于著名主持人杨澜来说可能是个难忘的日子。这天，她受邀主持第九届大众电视“金鹰奖”颁奖文艺晚会。一切进行顺利，但在报幕退场时，她却因为不小心被台阶绊了一下，当时就摔倒在地，当时现场都一片哗然，然而杨澜一跃而起，笑容可掬地说：“真是人有失足、马有失蹄呀，我刚才狮子滚绣球的节目滚得还不够熟练吧？看来这次演出的台阶不那么好下哩，但台上的节目很精彩。不信，瞧他们的。”话音刚落，全场观众为她机敏的反应爆出热烈掌声，有的观众还大声喊：“广州欢迎你！”

显然，这一跤，非但没有摔倒杨澜的形象，反而更让广州人民领略了身为著名主持的可爱。可见，演讲中处境尴尬时，用自嘲来对付窘境，不仅能很容易找到台阶，而且多会产生幽默的效果。所以自我解嘲，自己把自己胳肢几下，自己先笑起来，是很高明的一种脱身手段。

总之，我们可以看出来的是，演讲中，要想摆脱尴尬，我们首先要做到的就是放平心态，拿自己开开涮，而不是费尽力气自我吹嘘、自我标榜，反而只是以博人一粲，让人真心受到吸引。开自己玩笑，是从平凡的、趣味的、不甚完美的角度来观看自己，让别人有喘一口气的机会，也让自己从遥不可及的宝座上滚落红尘，与众生同声一笑。

演讲中遇到尴尬时，可以通过戏谑来舒缓气氛，创造一种轻松的氛围，尴尬自然荡然无存，它犹如金苹果落在银盘子中，使你魅力倍增。

借力打力，巧妙回应反对之音

演讲中，我们在向听众传达观点时，并不一定能说服所有的听众接受你的观点，那么，突然遇到听众的反对意见该怎么办呢？如果处理不好，将使自己陷入尴尬境地，甚至阻碍演讲继续下去。而此时，如果我们能顺水推舟，由着别人的意思顺延下去，那么，常常会制造出“柳暗花明又一村”的效果，巧妙驳回听众的反对意见。

林肯是个长相一般的人，在某个公共场合，有记者故意找茬儿：“你长成这个样子，还出来干什么？不如躲在家里别出来。”

这话自然是很不礼貌的，但林肯只是淡淡一笑，回答道：“很抱歉，我这是身不由己。”

号称“无冕之王”的记者是非常擅长给名人们制造麻烦的，有许多名人都曾面对过记者的刁钻提问，常有无法回答的烦恼。如果应对不慎，就会使自己的形象大受影响，这是显而易见的，但那些充满智慧和才学的人往往能八仙过海，各显神通，这里使用的就是顺水推舟制造幽默的方法，“身不由己”是就他的长相来说的，天生如此，他也没有办法。大家听了，都笑了起来，难堪的局面就过去了。

生活就像巧克力，没有人知道下一颗是什么味道。就像这个故事里的小伙子一样：被拒绝，没什么大不了的。不要把尴尬看成尴尬，多一点点自信，你就能灵机一动，把别人给你出的难题顺水推舟地还给对方，用幽默的应答让对方对你刮目相看。

当然，要利用顺水推舟的方法制造幽默，从而解除危机和矛盾，还需要我们从一些逻辑思维方法上入手：

1.逻辑推理，以理服人

以与自己相关的生活理论做“挡箭牌”，符合逻辑，轻松扳倒对方。

作家对厨师说：“你没从事过写作，没有权利对我的作品提出批评意见。”

厨师对作家说：“我一辈子也没下过蛋，可是我能尝出炒鸡蛋的味道如何，母鸡能吗？”

厨师根据逻辑推理反驳作家，这样类推，作家成了母鸡。既阐明了道理，又让作家自食其果，哑口无言。

2.将错就错，随机诡辩

既然无法正面辩解就将错就错，随机应变来阐释于有悖于常理的哲学，以此“化腐朽为神奇”。

一个推销员在一家百货商店里展示他的“折不断的梳子”，他让梳子接受各种压力的考验以此吸引人们的目光。最后，推销员把手从梳子两端向中间弯折，啪的一声，号称“折不断的梳子”断了，他不失时机地拿起两半梳子让大家看，并高声说到“先生们，女士们，我想让大家看看‘折不断的梳子’的内部结构……”

号称“折不断的梳子”断了，甚为尴尬。而推销员将错就错，显得十分沉稳老练，并说是自己有意让大家看梳子的内部结构，缓解了紧张的局面，值得称道！当然，这里的顺水推舟，是顺的自己的水，是本着解决自己无意酿造的危机为目的的。

3.先发制人

在罗斯福当选美国总统前，曾在海军任要职。一天，他的一位朋友向他打探海军在加勒比海一个小岛上建立海军基地的保密计划。罗斯福向四周看了看，压低嗓门说："你能保密吗？""当然能！"朋友爽快地答应了。"那么，"罗斯福微笑地说，"我也能。"

罗斯福以怪制怪的反向思维确实应用得恰到好处，既让对方明白了自己的态度，又对对方这种行为的不合理性加以反驳，以同样的手段应对，甚为高明。

演讲中也是如此，在听众发出反对意见前，我们最好防患于未然，只有做到理据充足，才能堵住听众的嘴。因为反对意见出现再处理难免会加大解决的困难，也可能造成听众心理上的对抗。

演讲中遇到听众的反对意见，我们需要以高度的机智、敏锐的眼光找到解决问题的方法，然后轻松地给开个玩笑，问题便迎刃而解！

用微笑回击蓄意挑衅

在演讲场合，我们不能否认一些听众是不怀好意的，他们是我们的竞争对手，可能是看不惯我们的人，在我们演讲的过程中，他们总是伺机给我们出难题，甚至会故意挑衅，面对这种情况我们该怎么办呢？伟大作家鲁迅说：“用玩笑来对付敌人，自然是一种好战法，但触着之处，需是对手的致命伤。‘幽默’或‘玩笑’，也都要生出结果来的。”可见，不动声色、微笑也是回击他人挑衅的有效手段之一。

绵里藏针法，就是用比较和缓的语气和态度，表达出自己比较坚硬尖锐的用意的语言艺术。使用这种方法时，要注意多用委婉的词语，以“绵”争取人心，以“针”阐明自己的观点，让“针”扎得又狠又准，真正击中对方的要害，让对方有刺痛之感且不露痕迹。

当然，绵里藏针的幽默制造法更多的还是用于反击他人的恶意挑衅。我们再来看下面的故事：

加贺千代女是日本江户时代很出名的女艺人。

有一天，一位贵族请她前去表演。

府中的女佣人一看到大名鼎鼎的加贺千代女竟然是个长相丑陋的女人时，就讥笑起来：

“我还以为今天能看到大美人呢，没想到却是个丑八怪！她能成为有名的艺人可真够奇怪的。早知道这样，我也不用去厨房干活，直接到台上卖卖丑还能出名呢！”

“虽有一抱之粗，但柳树仍是柳树。”加贺千代女微笑着回敬道。

这里，加贺千代女的反击是无声的。她的一番话却言有尽而意无穷。一番看似温和的语言，却蕴含着强硬的批评和嘲笑，让对方自惭形秽，恼羞成怒，却又不便发作。的确，柳树再丑，但仍旧可做“材”用；狗尾巴草再美，却只能成为烧火的“柴”，永远也摆脱不了“离离原上草”的命运。在这里，千代女巧妙地运用幽默的语言艺术，来摆脱了尴尬的场面。

当然，演讲中，面对他人的挑衅，要想做到轻松摆脱听众挑衅的尴尬，还需要我们有大肚能容的心胸，我们不可能希望每个听众都把我们当朋友、接受我们的观点，面对听众的挑衅，倘若你能放下一点包容，以微笑回击，那么，很可能会冰释前嫌，还会让其他听众感受到你的魅力。

为此，我们需要做到：

1.先冷却情绪

在气头上，你很容易就会被冲昏了头，而走上情绪的不归路，因此首要之务，就是得先为自己的情绪降温，这话说来容易，该怎么做到呢？你可以转移自己的注意力。例如：“一、这个茶杯是黄色的……二、他穿的毛衣是黑色的……”，数十至十二项物体的颜色，之后你会发现自己冷静多了。

2.使用建设性的内心对话

赫尔明指出：“许多怒火中烧的人不分青红皂白责备任何人和事，而使怒气徘徊不去的是你自己的消极思维方式。”既然想法是导致情绪的主因，那么，面对他人的挑衅，你就应该坚持内心的想法，准备一些建设性的念头以备不时之需。例如：“我在面对批评时，不会轻易地受伤”“不论如何，我都要平静地说，慢慢地说”等。当你能遏制住自己的怒火后，你也就能心平气和地处理问题了。

3.不要说粗话

不管你说的是“傻瓜”还是更粗野的词语，你一旦开口辱骂，就把对方列为了自己的敌人。这会使你更难为对方着想，而互相体谅正是消弭怒气的最佳秘方。

公众场合，你的言论难免会成为某些人攻击的对象，此时，冷却情绪，运用绵里藏针的力量微笑回击，既能击退听众的挑衅，又能使得演讲继续下去。

第 06 章

保持镇定，勇于表达内心的真实

迈过克服胆怯这道坎

造成当众不能有效说话的最大障碍是什么？胆怯，这是大多数人面对听众时首先遇到的最大障碍。在现实生活中，我们无法避免的事情就是每天与各式各样的人打交道。确实，社交就是展现一个人风采的重要场所，你可能会与重要人物交谈，当众表达你的观点，甚至还会出现在酒会、晚宴、谈判的场合。这时因为胆怯，人们却总是选择退却，即便是鼓起勇气，却因表现失态，把整个场合搞得更尴尬。当再次需要当众说话时，你又开始胆怯、心慌、全身发抖，时间长了，胆怯在一次次窘态中越来越嚣张，以至于你几乎抛弃所有的自信和勇气。

美国的心理学家曾做过一个有趣的问卷调查，问题是："你最恐惧的是什么？"调查的结果令人大跌眼镜，"死亡"原本如此让人恐惧的事情却排在了第二，而"当众说话"却高居榜首。相对于做其他的事情，有41%的人觉得当众说话是最恐惧的事情，甚至比死亡更可怕。同样的调查在大学里也做过，结果有80%~90%的大学生对当众说话很恐惧。由此可见，在公众场合说话，感到恐惧和胆怯是一种很普遍的现象。

在世界演讲学大会上出现了两位教授因胆怯而晕倒的事件，这确实是一件有趣而又可笑的事情。原来，胆怯是每个人都具备的一种心理因素，只是程度不同而已。不仅仅是我们这样的普通人才畏惧当众说话，就连许多所谓的大人物也是如此。因此，明白了这个道理，对我们克服内心的胆怯是很有帮助的。

有许多所谓的大人物最初当众说话都是不怎么样的，但最终他们都无一例外地成了当众说话的高手。比如，古罗马著名演讲家希斯洛第一次演讲就脸色发白、四肢颤抖；美国的雄辩家查理士初次登台时两个膝盖不停地发抖；印度前总理英·甘地首次演讲不敢看听众，脸孔朝天。为什么最后他们都出现了如此巨大的变化？唯一的理由就是他们克服了内心的胆怯。

克服胆怯是当众说话的第一关卡，对此我们应该想方设法克服内心的恐惧，勇敢地跨出当众说话的第一步。

1. 心中有听众，眼里无听众

有一位老师初次登台讲课就很不错，有人问他秘诀，他说：“我在备课时心中一直想着学生，可上了讲台，我眼中所见，就只有桌椅而已，这样我就不怯场了。”当众说话有一个秘诀叫作“视而不见”，也就是在说话前心中有听众，在讲话时眼里不能有听众，而是按照自己的意图去进行语言表达，对下面的听众视而不见，这样会消除你内心的恐惧感和紧张感。

2. 抱着“无所谓”的状态

任何一个初次当众说话的人都会有些胆怯，既然避免不了当众说话的环节，为什么还需要为此害怕呢？美国前总统罗斯福说过：“每一个新手，常常都有一种心慌病。”其实，心慌并不是胆小，而是一种过度的精神刺激。任何人都不是天生敢在公众场合自如说话的，都有一个艰难的“第一次”。只要你抱着“无所谓”或者“豁出去”的心态，管他三七二十一，这样整个人也就放开了。

善用微笑缓解紧张

有人说戴安娜是微笑的专家，她用微笑征服了全世界。现在我想我们应该清楚为什么她会受到全世界男女老少的喜爱了，为什么有那么多不认识的人给她献花。这么多年过去了，这个既不是政治家，又不是企业家，当然也不是艺术家的女人却被那么多的人缅怀着。如果你再仔细地观察戴安娜的照片，你会发现她的每一张照片都是在微笑：牙齿露出，嘴角成一道弧线。她的眼睛里充满了笑意，充满了善意，如果说微笑是全世界共同的语言，那么在她这里便得到了进一步的验证。不需要任何人的翻译，不需要开口，所有的人都懂得她在说什么。其实，微笑不仅仅是一个人最好的名片，而且也在某种程度上可以减少我们内心的紧张感。尤其是在当众说话的时候，如果你实在不知道说什么，那么一个微笑，也能够很好地让人们感受到你内心的阳光与温暖。

紧张感能引起思维混乱，甚至大脑短路，一个人之所以会紧张是因为尚未掌握正确的调节心理的方法，这时你越是想镇静下来却越是紧张。其实你越是想控制紧张，它就越是会变成一种妖魔，反而会更加厉害。而应付紧张感最好的办法就是微笑，放松你的下巴，抬起你的脸颊，张开你的嘴唇，向上翘起你的嘴角，用轻松的节奏对自己说“我很好”，这样给人的感觉就会很好，好像你真的放松了下来。就这样，你内心的紧张感慢慢消失了，随之涌上来的是满足、轻松的心理状态。在如此健康的状态下，你的当众说话自然而然地会发挥出应有的水平。

安安是一位爱笑的女孩子，难堪时微笑，紧张时也微笑，高兴时微笑，难过时也微笑。但就是这样一位喜欢微笑的女孩子，却天生胆子小，说话时声音像蚊子一样小，不了解她的人还以为是害羞，其实她就是这样。

大学毕业的论文答辩会上，安安不幸被抽中了，这将意味着她需要在几百人的大厅里当众说话。安安还是第一次遇到这样的场合，这该如何是好呢？安安害怕得快要哭了起来，论文指导老师知道了这事，安慰安安说：“你知道你给人最大的印象是什么吗？”安安不解地摇摇头，老师说：“你最大的特点就是微笑，而这正好是缓解你紧张感的秘诀，当你觉得很紧张、很害怕的时候，不妨微笑，不仅对着听众微笑，还需要对着自己微笑，告诉自己‘放松点’，这样你就真的会放松下来。”

安安若有所悟地点点头。

在论文答辩会上，每当不知道该怎么说的时候，每当紧张的时候，安安始终保持脸上的微笑。正是因为她的微笑，台下的老师和同学都善意地看着她，不哄笑，也不唏嘘，只是等着她继续说下去。最后，安安成功地完成了答辩。

因为微笑，安安不再紧张；因为微笑，她征服了所有的听众。雨果说："微笑是阳光，它能消除人们脸上的冬色。"对听众说话，微笑不仅能够缓解内心的紧张感，而且还会化解观众内心对你的不解和抵触。微笑对观众的征服是自然而然的，既然它能兵不血刃地征服对手，更不用说征服你的听众了。

1. 对着镜子练习微笑

当你面对镜子练习微笑的时候，你差不多可以看到自己微笑的整体形象，而且会记住原来微笑是这样子的。在平时生活中，如果你再次微笑，那你脑海中就会浮现微笑的样子，这样会增强你对于微笑的记忆。

2. 每天多练习微笑

每天应该多对着镜子练习微笑，这是因为微笑是一种肌肉记忆训练。通常情况下，那些在生活中不喜欢笑的人，并非他内心悲伤或抑郁，而是他养成了一种不微笑的习惯，他脸部的肌肉已经僵硬了。如果我们平时练习微笑的次数比较少，就很难养成微笑的习惯。反之，如果你天天对着镜子练习微笑，时间长了，不知不觉微笑就能长期保留在你的脸上了。

放松身心，让情绪宣泄

通常人们在紧张时会出现这样一些身体反应：面部僵硬、两腿哆嗦、全身发冷、手心出汗，等等。当然，具体到每一个人身上，反应也是有所不同的。对这样的现象，我们能够想到的就是紧张感带来的身体反应，但事实上谁也没追究深层次的原因，尽管神经紧张会反映到身体上，促使身体做出一些反应，不过容易被人们忽视的是，身体的紧绷往往会加速你内心的紧张感。这就是为什么有的人在登台讲话时，开始还不知道把手放在哪里，但后来逐渐发展为大脑一片空白，完全忘记了自己需要讲些什么的原因。因此，在当众说话的时候，需要放松你的身体，因为肌肉紧张导致神经更紧张，从而给你带来某些心理障碍。

当一个人的身体放松时，他的注意力就会集中在压力以外的事情上，从而排除现场压力带来的紧张感。身体放松可以给我们带来很多的益处：呼吸变缓，血压降低，头痛消失，情绪稳定，思维清晰，记忆力提高，紧张、忧虑消失。如果你还为此质疑肌肉的放松是否会真的缓解精神的紧张度，那你可以看看那些所谓的“心理放松操”，最典型的例子就是瑜伽。当你开始做瑜伽时，相信你听到最多的一句话就是“放松全身，肌肉放松”。慢慢地，当你真的放松下来之后，你会发现心中真的是如水般宁静。所以，如果你当众说话很紧张，不妨先放松全身，肌肉的放松会大幅度地减少你内心的紧张感。

一位曾长期受紧张感困扰的小姐讲述了自己的经历：

我从小就是一位胆子很小的人，每次到了那种公开场合需要讲话或者亮相，我就全身发抖，上下牙齿直打颤，连话都说不明白。有时我会忍不住掐自己的大腿，希望自己能镇定下来，但总不见效，而且会越来越紧张。我一直觉得这是一种病，为此很自卑，当然我也尽量地避免公开说话。但在私底下，我与身边的人关系却很要好，我什么话都跟他们说。

有一次，班里举办诗朗诵，由于我文笔不错，经常在杂志上发表一些诗歌，于是同学们都推荐我参加，我极力推辞，可班主任也执意请我参加。我只好暂时答应下来，可怎么应付过去呢？那几天我一直都紧张，连做梦都梦到自己在台上出尽了洋相，以及同学们那诧异的目光。

我忐忑不安地来到心理咨询室，向老师描述了我的情况。那位心理医生微笑着说："你首先要做到身体上放松才会减轻你内心的紧张感，比如深呼吸，想想你身边是漫无边际的大草原，这样你的身心都将得到放松。"在老师耐心的指导下，我学会了"心理放松操"，每当紧张时就会自然而然地想起来，试着做两遍，身体放松了下来，心里也不再紧张了。当然，那次的演讲也很成功。

内心的紧张感通过身体上的放松而得到了缓解，这其实就是身体与心理紧密相关的原因。我们的内心情绪波动会逐一反映在身体行为上；反之，如果我们身体行为得到了收敛、放松，那心理障碍自然就被清除了。显而易见，这两者的作用是相互的。

那在当众说话时若是心理紧张怎么办呢，我们应该如何通过身体的放松来化解内心的紧张度呢？

1. 呼吸调节

呼吸的过程其实是胸腹部发生的各种变化，通过深呼吸来抚平内心的紧张。当一个人吸气时，胸腹部会微微鼓起；当一个人呼气时，胸腹部会微微收缩。你所需要做的就是调节呼吸，让呼吸变得平静，就好像睡觉一样。

2. 释放重量

稍微深一些吐气，让自己身体的重量全部释放在椅子上、墙壁上或者地板上。通过这样的方式会减轻你身体的重量，让你产生一种由于释放重量而导致的轻松感，这自然会减轻你内心的紧张感。

有备而来，减轻紧张感

现实生活中，我们发现不少人在面对在众人面前讲话这一事实，一些人就会紧张得不得了："我们研发部门花了半年的心血研究的产品，要是我给介绍砸了就全完了，怎么对得起他们呀。"事实上，他们没有意识到自己紧张的一个关键原因是他们没有做足准备工作，才导致他们自信心不足。

卡耐基曾经历一件事，当时他在纽约的扶轮社，有一位显赫的官员是主持人，大家都在等着他开口演讲，想了解一下他所在的部里的情形。

卡耐基很快发现这位官员在事前并没有做准备，他原本想做即兴演讲，但却发现没有什么可谈的，然后他又从自己的口袋里找出一些记录零散的笔记，实在在杂乱了，他手忙脚乱地翻来翻去，却找不到有利于演讲的东西，他表现得越来越尴尬，时间就这么过去了，他还是不知道该说什么，然后反复道歉，还是不断地去翻那些笔记，再然后，他端起手边的水，然后颤颤巍巍地凑到嘴边，也许他一辈子都不会忘记那样尴尬的场景，他完全被恐惧击败了，所有的问题都是因为他没有在演讲前做一点准备。

因为工作的关系，从1912年开始，卡耐基每年都要对五千次以上的演讲做评析，无论什么样的演讲都让卡耐基明白一点，只有准备充分的演讲才能产生完全的自信，这就好比上战场打战，不准备一点儿弹药，怎么有信心击退敌人呢？林肯也曾说："我若是无话可说时，就算年纪一大把经验一大堆，也免不了要为此难为情的。"

同样，生活中的人们，如果你也想培养自己的自信，那么，为何不多做点准备以此给自己增添一些安全感呢？为此，你可以从以下几个方面努力：

1.承认紧张是正常的心理

可以说，在公众面前说话紧张是再正常不过的心理。我们越是想获得演讲成功，越是焦虑。此时，克服的方法是让紧张情绪反过来帮你的忙。其实，当你感到紧张时，你也可以向听众袒露自己的心态，这样，不但听众会被你的坦诚打动，你的紧张感也会得到排解。如果掩饰自己的感受，只会使气氛更紧张，并且让人看起来很虚伪。

2.预先整理你的意念

查尔斯·雷诺·柏朗博士曾在耶鲁大学演讲时说过：“深思你的题目，酝酿成熟，漫溢思想的馨香……再把所有这些意念写下，简单得只要能表达清楚概念就可以……把它们写在纸片上……通过这样的整理，零散的片断就容易安排和组织起来。”男人们，听起来并不难吧？实际上也真的不难，只需要你做到有一点的专注和思考。

3.在朋友面前预讲

杰出的历史学家艾兰·尼文斯对作家也有类似的忠告：“找一个对你的题材有兴趣的朋友，详尽地把你的想法讲给他听。这种方式，可以帮你发现你可能遗漏的见解、事先无法预料的争论以及找到最适合讲述这个故事的形式。”

预讲是一个确保你的演说更成功的方法，你可以将你的想法、见解都告诉你的朋友，你可以告诉他你是在预讲，也可以不说，你可以听听他人的想法，也许他有更新奇的主意，那样对你的演说就更有价值了。

4.暗示自己，相信自己一定能成

你可以告诉自己：这场演说很适合我，这完全是我自己的经验之谈，是我自己的看法，我比谁都有资格来谈论这个话题，并且，我一定会全力以赴。虽然这是个古老的方法，但确实也很有用。现代的实验心理学家告诉我们，自我启发而产生的动机，即便是假装的，也能起到最快速的刺激作用，更别说那些建立在事实基础上的真实的自我鼓励了。

5.表现出信心十足的样子

美国最著名的心理学家威廉·詹姆斯有这样一段论述：“行动似乎紧随于感觉之后，但事实上却是行动与感觉并行。行动在意志的直接控制之下，通过制约行动，我们也可以间接制约感觉，但感觉是不受意志的直接控制的。所以，让自己感觉自己勇敢起来，而且表现得好像真的很勇敢，运用一切意志达到这个目标，勇气就很可能会取代恐惧感。”

卡耐基告诉所有的人，一定要记住詹姆斯的劝告，为了培养勇气，面对观众的时候，不妨就表现得好像真的信心十足的样子。当然，前提是你必须真的做好了准备，不然都是徒劳。

开始演说之前，你可以深呼吸三十秒，增加的氧气供应可以提神，给你勇气。然后请站直你的身体，看着听众的眼睛，开始信心十足地讲话。你可以设想，台下的每个人都欠你的钱，他们聚集在一起，只不过是排队等着还你的钱，这样你的心理压力就会小很多了。

事实上，克服当众说话的恐惧，对于现实生活中的每个人，在做任何事上都有潜移默化的积极作用，如果你是个敢于接受这项挑战的人，会发现自己的人品渐渐完美，因为战胜当众说话的恐惧，会使你脱胎换骨，从而进入更丰富、更圆满的人生。

允许自己试错，反倒自由轻松

生活中，我们登台进行讲话，多半是希望我们的言论能被听众接受和认可，而恰恰是因为带着目的讲话而导致了我们的紧张。在开口之前，我们就会幻想失败时的沮丧、说错时的尴尬，也有一些人，他们对自己的要求太高，决不允许自己出错，而正是因为这样的心态，导致了我们愈发紧张的心理。其实，只要我们看淡演讲，允许自己丢脸和失败，是能减轻心理负担的。

其实，那些演讲大师从来都不会否认自己演讲时会产生紧张感，他们也建议那些初次登台的演讲者们允许自己紧张，这样，你反倒会放松很多。

东东出生于一个普通的工薪家庭，在家里排行第三，上面还有两个姐姐，东东的父母一直勤勤恳恳、待人宽厚，正是因为这一点，父母希望东东的性格能够活跃点，所以，他们希望东东能在生活和学习中多与人沟通和交流。

东东学习成绩一直很优异，一次，老师为东东报名了参加市里的演讲大赛。

演讲比赛一个月以后进行，东东为这事很着急，但他告诉自己，一定不能紧张，如果紧张，就搞砸了，但越是这样想，离演讲比赛越近，他越是紧张，在不知如何是好时，东东鼓起勇气来求教自己的语文老师。

“我觉得可能是你太严谨了，对自己要求太严格，其实，面对几千个人演讲，即便是我们这样经常站讲台的老师，也都会紧张，更何况是你呢？紧张没什么，不要害怕，如果你能允许自己紧张，也许能更自然。”

老师的话似乎很有道理，东东全部都听进去了。按照老师的指点，东东发现，自己的心似乎平静了不少。最后，东东以出色的表现完成了自己的演讲题目。

从东东遇到的情况，我们不难看出，在演讲这一问题上，东东之所以感到紧张，是因为他不断给自己加压，不允许自己紧张，这是一种苛求自己的态度。但事实上，你可以掌握自己努力的程度，却把握不了最终成绩。无形之中，他给自己制造了遭受挫折的条件。

可能你也遇到过这样的情况，当你登台前，周围的人会劝慰你“别紧张！”“有什么大不了的！”而你自己也通常会这样告诫自己：“别紧张！”“有什么了不起的！”然而你会发现，这种方法几乎不会奏效，反倒会让我们感到更加不安。因为越是提醒自己不要紧张，越是在和自己过不去，也就会制造更大的紧张。正如有句话所说的“情绪如潮，越堵越高。”

因此，任何一个演讲者，要减少紧张感，就要做到接受紧张而不是控制紧张。因为正如故事中的这位语文老师所说的，即便是经常登台的演讲大师也会紧张。紧张是正常的状态，要正确对待它。

然而，在现实的演讲过程中，不少人认为紧张有碍于自己的发挥，认为紧张是不正常的，为了不想让人看出自己紧张，就拼命掩饰，刻意控制，故作镇定，结果不仅控制不住紧张，反而因为掩饰紧张加重了心理负担，变得更加紧张了。

具体来说，你可以做以下几点心理调整：

1.不要把目标定得太高

强烈的求胜动机必定会导致沉重的心理负担，结果便会引发焦虑情绪的产生，演讲结果也只能是事与愿违。

实际上，演讲的意义有时候并没有我们想象的那么大，只是在听众面前展示自己的观点而已，如果你把演讲的意义片面夸大，甚至把演讲与个人终生的成就、事业和幸福等紧紧联系在一起，演讲还未来临，就已经是惶惶不可终日了。

2.允许丢脸

在中国人的传统观念里，面子是最重要的。当众说话是一件有面子但却也是丢面子的事，害怕丢脸，也会给自己带来心理压力，如果你能放下面子，敢于“不要脸”，那便能进入心态自由和无我的状态，也就没什么可担忧的了。

3.允许犯错

即使是学校里经常上讲台的老师，或者是职业的演讲家，也都会出错，更何况那些初次登台的人。

因此，你要告诉自己，话讲不好是正常的。讲话中遇到讲错话，不要觉得沮丧。因为我们每个人都要允许自己有一个成长的过程，当众讲话也是如此，你要允许自己在缺少经验和技能生疏的情况下讲不好，允许自己犯错误，这是再正常不过的事情了。

4.允许失败

这又是非常重要的一点。“一定要成功，绝不能失败”，我们经常听到这句振奋人心的话。但大家想一想，这句话现实吗？

没有绝对的成功和失败，对自己要求过于严格，只会给自己施加压力、影响表现，你要告诉自己，即使失败了也没什么，只是说话而已。以平常心面对成败，也就能以平常心说话了。

总之，对于讲话，我们一定要学会降低对自己的要求，真正放下自我，才能释放压力，讲话时才能做到轻松自如。

第 07 章

身临其境，塑造强大的言谈魅力

言如其人，不拘一格

演讲风格有不同的类型，比如，幽默型、深沉型、绚丽多彩型等。演讲者只有形成自己的演讲风格才能使自己的演讲充满生机和活力，而当你的演讲风格一旦形成，就有了自己的稳定性和变异性。

一、培养自己讲话的风格

培养自己讲话的风格，使其独树一帜，对你的演讲将起到意想不到的效果。

记住，你讲话的风格，你与别人讲话的方式，都能为你的名声和你的成功做出重大的贡献。如果你对下级讲话趾高气扬，甚至用鄙视的口吻，那下级就会怨恨你；如果你对上级讲话过于谦恭，他们就可能认为你缺乏能力或没有骨气，不敢委以重任。因此要想树立自己的讲话风格，说话就不能忽左忽右、变化无常，更不要试图去模仿别人，表现出不属于自己风格或不适合自己风格的东西。

有些领导，当他们与别人谈话时，认为自己有必要装腔作势，或者戴上一副假面具；有些人试图表现得很友善，有的时候甚至表现出媚态；有些人急功近利，就像做电视商业广告一样。其实，领导在讲话时，表现出自己自然的风格是上策，但要努力发展你自己的独特风格，而不是去发展别人的独特风格。因此，只要把握好说话的分寸、原则，总会受到别人的喜欢，从而慢慢养成自己说话的风格，因为你用真诚的自我与别人交流，你用自己的风格和别人讲话。

二、演讲风格形成的途径

演讲风格的形成，最重要的还在于主观个性风格的形成，即所谓“风格如其人”。而领导者个性风格的形成，则是一个反复实践、探索、体验，伴之以学习和借鉴的渐进过程。因此，要形成自己的演讲风格，并达到完美的艺术境界，唯一的办法，就是下决心长期实践，刻苦训练。

英国前首相丘吉尔是一个卓越超群的雄辩家和演讲家，他那优美的演讲口才风格，也是他毕生努力的结果。他从学生时代起就迷醉于本民族的语言，并纯熟地将其运用到自己的演讲中。毕业从军到印度后，在其他官兵以酣睡来打发印度酷热的下午时，丘吉尔却博览群书，广泛求知。在他27岁当选为国会议员后，就开始了他的演讲生涯。

1952年，在尼克松与丘吉尔的儿子伦道夫的交谈中，当他对丘吉尔的演讲口才风格表示钦佩时，伦道夫笑着说：“那些演讲精彩是应该的，他用了大半生时间写讲稿并记熟它们。”

我们可以看出，个人独特的演讲口才风格，是在长期的生活、学习和演讲实践中反复体验、反复训练才逐渐形成的。

三、形成自己的演讲风格

演讲风格需要通过演讲者的行动来形成，要想形成自己独特的演讲口才风格，必须下一番苦工夫，多学、勤练，久而久之，一定会形成具有个人特色的演讲口才风格。在形成演讲风格的过程中，要注意下面几点内容。

1.坚强的意志和百折不挠的精神

有了坚定的意志，我们才会对演讲充满成功的自信。有了坚定的意志，我们就有了毅力和韧性。要实现预定的目标，不仅要有始终如一的坚定追求，而且要有百折不挠的坚韧毅力。对于希望成为演讲口才家，并形成独具个性的口才风格的青年人来说，意志则是成功的基石。

心理学家认为，意志是主体为了实现预定的目标而自觉努力的一种心理过程。要想成为一个出色的演讲家，坚强的意志至关重要。因为有了坚强的意志，就会产生必胜的信心，就会克服一切困难，坚定不移地朝着预定的目标走下去，并且能战胜自卑和羞怯，做到谈吐从容不迫、落落大方。

2.抓住一切练习的机会

抓住一切机会，运用恰当的方法刻苦磨炼，是演讲家们取得成功的一条重要经验。练习的方法是多种多样的，主要如下：

（1）讲

锻炼演讲口才尤其要注重讲，只有利用一切机会多讲、多发言、多参加论辩，不怕别人笑话，这样，假以时日，自己的演讲口才就会有长进。如果你终日缄口不语，永远也不会有进步。

（2）读

培根有一句名言：“读史使人明智，读诗使人灵秀，数学使人周密，物理使人深刻，伦理学使人庄重，逻辑与修辞使人善辩。”多读书，会使人头脑灵活、思维敏捷、视野开阔、语言丰富。因此，要锻炼演讲口才，读书是一个有效的方法。当然，读书也包括朗读和唱读。

（3）诵

诵是锻炼语调的一种有效方法，它同时能纠正口吃的毛病，诵是背的艺术化，经常诵读，对于提高演讲者的口语表达水平是很有帮助的。但凡那些动人的、充满魅力的演讲口才，都是既倾注演讲者炽热的情感，又有抑扬顿挫、高低快慢的语调。

（4）背

书本里有充实演讲口才所需的智慧和学问，如论辩的实例、演讲的名篇、语言的艺术等。在读书的基础上，适当地背一些名篇、名段、名句，加深理解，对于训练自己的演讲口才，是大有益处的。

（5）练

古罗马著名雄辩家和演讲家西塞罗说得好：“训练有文化素养的雄辩家的方法，不在于背诵演说的规则，而在于实地练习。”演讲口才是经过长期磨炼才形成的。当然，练习要根据自己的思维能力、语言水平和心理特征来确定其重点，由易到难，循序渐进。主要应从语音、语量、语力、语调、语汇、语速、语脉、语境、语态九个方面，加以严格训练，扬己所长，补己所短，持之以恒。经过长期训练，肯定能练出好的演讲口才。

（6）在社会实践中磨炼演讲口才

丰富多彩的社会实践活动是磨炼演讲口才的最好课堂，世界著名的演讲口才大师都是在这个大课堂里锻炼其口才的。

著名的现实主义戏剧家萧伯纳年轻时十分腼腆，见人不敢说话。如果有人请他做客，他总要在人家门前徘徊二十几分钟，才能鼓起勇气进去。

后来，他参加了一个叫考求者学会的辩论会。在会上，他开始不敢讲话。后来觉得不能缄口不语，便移动发抖的双腿站了起来，做了第一次当众演讲。这次演讲对他的刺激很大，因为听众把他当成了“十足的傻瓜”，他在众人的哄笑声中狼狈地回到自己的座位上。

从那以后，萧伯纳发誓要完全掌握演讲的艺术，一有机会就要当众演讲。他遵守了这一誓言，不管什么地方举办演讲会，会场里总会出现萧伯纳。

只要下工夫，只要在实践中刻苦锻炼，每个人都能拥有好口才，每个人都能形成独具特色的演讲风格。

如果你想成为演说家，那么，你的说话风格必须有某种独特的地方，以便引起人们的注意，或者使人们容易记住你。一个人说话有自己的风格，才容易吸引别人，并产生应有的魅力。如果你没有伟大人物的那种超凡的魅力，那么你就必须培养自己说话的风格，这才是让别人信服的最好方法。

落落大方，不失成熟气质

身处职场，可以说，开会是我们的工作内容之一，我们也常会遇到这样的情况：当我们认真倾听领导在会上侃侃而谈时，突然被领导或者其他同事推举起来即兴发言，此时，该如何发言呢？不得不说，在会上即兴发言是一件极需要勇气和口才的事，你也只有落落大方地阐述你的观点，才能获得与会人员的认同。事实上，不少人遇到过这样的情况：对如何发言毫无准备，而被众人推举出来发言的时候依然不明就里，只能随便说几句，草草收场。我们先来看看小杨的经历：

小杨是个内向的女孩，从上学到工作都很文静，很少和周围的同事接触，甚至连话都不敢说重了。这样，二十几岁的她，在单位也没什么是非，当然，两年了，也没升职。她也为自己目前的工作状态感到满意，但有一次聚会，却让她彻底改变了对自己的看法。

每年，公司都会举行一次大型的聚餐活动，今年依旧如此。那天，小杨所在的部门同事们都坐在了一起。聚会进行到一半时，为了活跃气氛，有同事提议表演节目。轮到小杨所在的部门时，大家有点面面相觑。部门主任自己不擅长此道，更别说唱歌表演了。刘姐是个庄重淑女，是不可能失去高贵气质的。老李的水平和部门主任差不多。只有小赵有文艺才能，能自弹自唱，但不巧的是他感冒了，嗓子肿得说不出话来。

最后大家把目光聚到她的身上。刘姐说："年轻人哪有不会唱不会跳的？这又不是比赛，意思意思就行了。”还没等她反对，主持人已经报幕了：“下面由计划部的小杨给咱们献上一曲……”事已至此，她只好硬着头皮在大家的目光中走上台去，接过话筒唱了一段京剧。这段京剧旋律流畅轻快，节奏鲜明好听，以至于台下的老师傅们不知不觉得跟着唱了起来，场面达到了高潮，大家的掌声更响了。她的情绪也高涨了起来，有种真正被人接受、被人欣赏的感觉和喜悦。

回到座位上，部门主任笑容可掬地说：“没想到小杨还有这么两下子呢，不错不错。以后再有这样的机会，让她和小赵配合一下，兴许还能给咱部里拿个什么奖呢。”她真是有点受宠若惊，要知道部门主任可从来没有这样和蔼可亲地对她说话。

这次聚会后，小杨一下子出名了，以前她还不认识或还不太熟悉其他部门的同事，在班车或是在食堂相遇，友善地和她打招呼，因此她也意外的结识了很多新朋友。更让她惊喜的是，在一次公司例会上，公司总裁居然主动和她说话：“我知道你，戏唱得不错。韵味十足，现在年轻人会唱京剧的不多呀。人也长得好看，小姑娘不错。老董你很有眼光啊。”

部门主任开心地大笑起来：“您不是说培养年轻人吗！”

会后部门主任和小杨讲：“好好干，只要外面有出头露面的机会我会安排你去的，年轻人前途无量啊。”不久，部门主任退休，部门主任一职由小杨担任。当时的小杨只有24岁。

我们发现，一次赶鸭子上架的机会，让小杨被单位同事熟识，被单位领导重视，这再次让我们体会到周总理的那句“外交无小事。”事实上，除了一般性质的聚会，平时的工作会议，也是职场新人表现自己的大好机会。了解了这一点，估计有很多职场人士知道为什么自己“俯首甘为孺子牛”，做足了那10%的功课，却不及那些高曝光度的同事，动那60%的脑筋，来得讨巧了吧？

当然，要想在会上大放光彩，你除了要敢说外，还要掌握一些发言方法，具体来说，这些礼仪有：

会议发言有正式发言和自由发言两种，前者一般是领导报告，后者一般是讨论发言。

如果你参与的是正式的发言，就应衣冠整齐，走上主席台应步态自然，刚劲有力，体现一种成竹在胸、自信自强的风度与气质。发言时应口齿清晰，讲究逻辑，简明扼要。

如果是书面发言，要时常抬头扫视一下会场，不能低头读稿，旁若无人。发言完毕，应对听众的倾听表示谢意。

自由发言则较随意，应要注意，发言应讲究顺序和秩序，不能争抢发言；发言应简短，观点应明确；与他人有分歧，应以理服人，态度平和，听从主持人的指挥，不能只顾自己。

另外，如果有会议参加者对你提问，应礼貌作答，对不能回答的问题，应机智而礼貌地说明理由，对提问人的批评和意见应认真听取，即使提问者的批评是错误的，也不应失态。

将自己置身于演讲情境中

一般而言，在说话过程中还需要注意一点，那就是你的神态要随着说话内容的改变而及时调整，不能在整个说话过程中你保持一种神态，也不能在整个说话过程中你的神态都在变化。俗话说："相由心生。"你所说的语言应该是发自内心，而内心的一切活动将逐一清晰地反映在你的神态中，高兴抑或悲伤，愉快抑或痛苦，这都将通过神态真实地展现出来。

当我们在说话的时候，神态则主要依据说话内容而发生相应地变化，当说到严肃的内容时会神态沉重，而说到高兴的事情时会眉开眼笑。对于大多数人来说，他们喜欢把忧虑感、紧迫感、厌恶感等统统写在脸上，而当说到诸如类似的事情时，他们的神态也会有相同的变化。

林敏是学校里出了名的演讲高手，而她最擅长的就是将自己融入演讲过程中。人们总会记住她曾在一次演讲比赛中，声情并茂地展示属于自己的演讲风格。

当朗诵到一些描述灾难的内容，林敏的脸上一片肃穆，没有半点笑容；当朗诵到那些革命战士牺牲自己的生命时，她一下子把声调提高，而且满脸的义愤填膺；当朗诵感动人的事迹，她的眼中满是泪水；当朗诵革命终于取得胜利的时候，她开心地笑了，连那话语里都蕴藏着笑意。

所谓的神态随着说话内容情节而调整，其实就是将自己融入到说话内容中去。如果你讲述的是一个感人至深的故事，那你可能要化身为故事里的主人公，你的神态时而悲伤，时而愤怒，时而开心，时而快乐，你所有的情绪都将随着主人公的命运而产生相应的变化。或者可以说，一个有着卓越口才的人，想必就是如此。

在现实生活中，不同性格、身份、经历的人，他们会有各种不同的神态。即使在同一事件中，相同的情况下，他们的神态也是各不相同的。而且，单纯的神态语言并不能完成一次沟通，它必须根据事件、环境、心境的状态下才能恰如其分地表现出来。

那在实际的演讲过程中，我们该如何来调整自己的神态呢？

1.使用微笑

在神态表现中，我们尤其需要说到微笑这个状态。大多数说话者没有充分利用或用错了微笑这一强大的工具，或是龇牙咧嘴笑得下巴发痛的傻笑，或是在悲伤或严肃的场合露出微笑，这些都是不适宜的。

对于演讲者来说，当表达赞美、歌颂等感情色彩时应微笑，此时要博得别人微笑，自己首先要笑；上台与下台时应微笑，这样可拉近与听众的距离，把良好的形象留在听众心中；面对听众提问时，送上一缕微笑是无声的赞美与鼓励；肯定或否定听众的一些言行时，可以配合着点头或摇头，面带微笑；面对喧闹的听众，演讲者可略停顿，同时面带微笑是一种含蓄的批评与指责；表达一些与微笑不相悖的情感时可微笑。

2.各种神态展现

当你在进行这样一段说话：“不是有人在坐车不畅时埋怨他们‘乱

哄哄，路不通，车不动’吗？不是有些漂亮的姑娘品评他们是‘多一个脑袋的电线杆’吗？不是有人谩骂‘他们秉公处罚是自己给自己发奖金’吗？更不是有人丧尽天良将车轮辗向我们这些可敬可爱的马路卫士吗？”你应该保持义愤填膺的神态，以增强反问句的表达效果。

当你在说到对未来展望的时候，你应该保持神采奕奕的状态，那表示你很有信心；当你在痛斥某种罪恶行为的时候，应该保持怒目圆睁的神态，以表达自己内心强烈的情绪。

当然，还有许多不同的神态表现，在这里就不需要一一列举了，只要记住一点：你的神态是随着说话的内容逐渐调整的。

演讲时，神态语言是作为传情达意的一种重要沟通方式，它指的是通过眼神、动作、面部表情等来表达内心思想的一种非语言形式。神态语言不仅仅彰显着自己的喜恶，更为重要的是，通过自己一颦一蹙的变化展现自己的内心世界。

眉目传神，表情达意

我们常说：“眼睛是心灵的窗户。”一个人的内心世界到底是什么样子，都可以通过眼睛透露出来。演讲者站在讲台，自身的喜、怒、

哀、乐，用不着开口说话，就能够凭着眼睛的神态传递出内心的情感。而听众也不需要一定要听说话者说些什么才能获取其中的信息，只需要关注说话者的眼神，就可以了解其内心想法，知道他想要表达什么样的想法。

说话者在运用口语传递信息的同时，也自然要通过自己的眼神，把内心的激情、学识、品德、情操、审美情趣等等传递给听众。你的眼神变化要与说话内容的发展和自己情绪的变化相协调，要注意眼神运用的多样性，准确地表情达意，给人以胸怀坦荡的感觉。

在说话时，不同的眼神，给人以不同的印象。眼神清澈坚定，让人感到率直、善良、天真；眼神狡黠奸诈，给人以虚伪、刁奸之感；左顾右盼，显得心慌意乱；翘首仰视，显得凝思高傲；低头俯视，露出胆怯、害羞。眼神会透露人的内心真意和隐秘，眼睛能自如地传递心灵的信息，反映人的喜怒哀乐之情。人们的思想感情常常通过眼神自然流露出来，而眼神配合口语，就能表达出丰富多彩的思想感情。因为人的眼睛有上百条神经连结大脑，它们是大脑获得信息的重要渠道，同时又受到大脑中枢神经的控制。

事实上，无论使用哪种眼神，都是为表达一定的思想内容和感情，绝不可漫无目的地故弄玄虚。同时在运用眼神时，应当表现出信心和活力，显出风度。说话者在公开场合说话时需要保持视线的目标在正前方，炯炯有神地面对听众，并且不断地兼顾全场，了解听众的反应。也就是要把目光注视前方与多方位观察巧妙地结合起来，全方位地观察听众。要做到全方位地观察听众，就需要学会运用眼神的三种技法。

1.注视一部分听众

这种眼神的方法就是有目的、有针对性地重点注视某一局部听众。运用这种方法可赞扬和感谢那些专心致志的热心听众；引导和启发那些有疑问和感到困惑的听众；支持和鼓励那些想询问的听众；制止那些影响现场秩序的听众，使其收敛，达到控场的目的。

运用这种方法针对性要强，目光含义要明确，但是要适可而止，避免与听众目光长时间直接接触，以免使被注视的听众局促不安，或者使其他听众受冷落。

2.全方位地注视听众

这种眼神的方法是目光有节奏或周期性地环视全场，其目的主要在于掌握整个说话现场动态，照顾全场，统帅全局。运用这种方法，可使全场听众产生亲近感。但必须注意，一定要照顾全局，不可忽视任何角落的听众。同时，头部摆动幅度不宜过大，眼珠不可肆意乱转。

3.远远地注视着听众

这种眼神的方法就是目光似盯未盯地望着听众。运用这种方法可显示出说话者端庄大方的神态，可引导听众进入描述的意境之中，还可烘托气氛。但应注意使用不可频繁，以免给人傲慢的感觉。

可以毫不夸张地说，眼神所能传达出来的感情，往往会超过有声语言所表达的含义。也因为如此，我们才会有“会说话的眼睛”的说法。既然眼神有如此大的作用，那在演讲时更需要充分发挥出眼神的作用来。

学会把握发言时间

生活中的人们，你是否有这样的经历：公司组织听一场演讲会，刚开始，你还觉得演讲者说话比较有趣，你饶有兴致地听着，半小时过去了，他依然在重复自己的观点，你的注意力开始分散了；又过了一小时，你开始不耐烦了，而你发现，周围的同事好像也开始打瞌睡，有的人甚至已经开始离场，而演讲者还在喋喋不休地说着……很明显，这场演讲是失败的。而它失败的一个重要原因就是啰唆重复、没把控好时间。

事实上，无论是演讲还是当众发言，我们都要控制好讲话时间，这是一项重要的内容。但是，在向听众阐述观点的时候，我们又不可能一直不停地看表，于是，不少新手会发出疑问，到底该怎样掌控讲话时间呢？答案就是事先排练，根据排练的时间来安排自己的控场时间。具体来说，我们可以这样做：

1. 归纳总结你要讲的要点

要点不明确，就会导致你在讲话的时候不着边际，听众找不到重点内容，自然就会不耐烦，时间也就浪费了。

事实上，除此之外，总结发言要点，也有助于我们应付意外情况。比如，在发言开始了一段时间后，你却突然被通知，发言时间由45分钟被缩短至20分钟，此时如何是好？如果你已经明了发言的要点，那么，你便能将大致观点传达给观众，以达到自己的说话目的。

2.掌握发言部分所占的时间比例

在任何一场公共发言中，都能划分成开场白、主要内容和结尾部分。一般情况下，任何一场发言都可以划分为开场白、主要内容和结尾的，并且主要内容应该占全部发言的大部分，大约为75%。那么，现在来回想一下，你是否在开场白部分花去了太久的时间？

在发言中，合理分配各个部分的时间能让我们更灵活地调整发言的内容，比如，原本你已经在某个要点上花了五分钟的时间，但到那时听众热情高涨，你不得不为此延迟了三分钟，那么，在接下来你要说的第二点或者后面的内容上，你就不得不省三分钟时间了。

另外，你还应该把细节问题考虑进去，比如，每个细小的部分所应该占用的时间，甚至在演讲稿中进行记录，你可以在开场白的笔记右下方标记“2分钟”，在第一个要点后记好“5分钟”，在第二个要点后记“8分钟”等。

3.删除一些不必要的细节

无论你要谈论的主题多么复杂，你都决不能拖拖拉拉，找不到重点，而应该化繁就简，把它压缩成一段时间合理的发言。因为听众的时间都是宝贵的，谁也不想听你啰唆。

4.控制你的说话语速

这一问题在那些新手身上出现的过多，他们在讲话时语速过快，这样很多重要的地方就得不到突出了。排练越接近实际情况，对时间估计的误差越小。

5.适当看表

有些人对时间的估计非常精确，不需要外在的提示。如果你不太善于估计时间（我们大部分人都没有这种能力），要坦然地把自己的手表摘下来放在自己看得到的地方，或者请听众席上的同事到时候向你发出信号，但是要避免过于依赖钟表。

你可以把开始和结束的时间记下来。手表指针的运动会给你一种压力，让你不太自然。比如，如果你觉得自己讲得太慢，在最后一分钟可能会把速度加快一倍，或者相反的情况，把自己的语速放慢，用使人昏昏欲睡的口吻把句子拖得很长。如果能够为每个部分的讲话定时，会对讲话时间的控制帮助很大。

事实上，那些有经验的人始终明白发言的每个部分各占多长时间。即使讲话时间在总体上控制得非常好，他或她仍然希望再把时间分割得更加细致一些。明白时间的长短有助于随时进行调整，这是当众讲话过程中经常出现的情况。

总之，当众发言中，无论你的讲话有多长，要记住听众的注意力维持的时间跨度是有限的，因此，我们最好都要学会如何控制发言时间，并在有限的时间将自己的想法和观点以最深刻的语言传达给听众，以达到我们的发言目的。

声情并茂，调动听者兴趣

在语言表达中，我们需要将语言与感情融合起来，努力做到声情并茂地说话，如此才能抓住听众的注意力。我们都有这样的经历，儿时临睡前父母坐在床边说故事的时候，他们那神情、那语言就好像已经化身成了故事中的主人公，而这样说故事的方式恰恰是我们喜欢的。其实，这就是声情并茂的说话。作为说话者，声情并茂才有人爱听，对听众才有吸引力，才容易取得好的效果。在当众说话中，说话者不仅需要使用具体生动的语言来说明问题，而且还需要运用生动的体态语言，以及优美动听的声音，如此才能真正地做到声情并茂。如果你只是空洞地说教，面无表情、一动不动地站在那里，即便你说得多么洋洋洒洒，却还是无法调动听众的情绪，这样你的说话无疑就是事倍功半。

连战先生是一个有智慧的人，所以他的演讲总会插科打诨，趣味横生。幽默的语言和举动，让他的演讲变得很生动，可以说是声情并茂。他在北大的演讲中，一上来就跟大家开了一个玩笑，笑呵呵地说北大是自己的母校——“母亲的学校”。这样一说，一下子拉近了自己与所有听众的距离。在谈到自己的出生地西安的时候他说：“日本人占了洛阳，轰炸重庆，天天从西安上面过去，然后回来，用不完的炸弹都掉在西安。”听众听到这里马上心领神会。

连战先生能够如此成功地做完这次演讲，关键就在于他运用自己的智慧和幽默，以及恰当的体态语言，使本来枯燥无味的演讲变得有声有色。他把非常严肃和刻苦铭心的记忆用这样一种调侃的形式表达出来，确实让人记忆深刻。

学校里的徐老师虽然年过半百了，但他拥有很多“粉丝”，这些“粉丝”都是听过他课的学生。如果你问学生为什么会这样喜欢徐老师，他们则会回答：“讲课时声情并茂，十分精彩。”

原来，在课堂上，徐老师完全把自己融入了课文故事中，时而是狡猾的狐狸，时而是聪明的小白兔，时而是声音颤抖的老人，表情生动，惟妙惟肖，逼真极了。这样一来，无论是多么枯燥的课文，但只要徐老师来上课，那么整个课堂就会变得活跃起来。

声情并茂地说话，实际上就是将个人的情感融入说话过程中去，而不是把自己脱离出来。当情感真正地融入说话中去，那么你的声音、神态、表情，甚至身体语言会随着内容的不同而发生相应的变化，就好像表演一样，只有真正地融入其中，才能更深入地表达出自己的想法和观念。

那么在实际说话中，如何做到声情并茂呢?

1. 声音、情感与说话内容协调一致

声情并茂地说话，要求说话者的声音、情感与所说内容协调一致，悲伤时用沉重的语调，神情沉痛；高兴时用欢快的语调，面带笑容。这样才能更准确地用语言表达出内心的想法，听众也才能真正地被你带入语言环境中。

2. 切忌沾上表演的痕迹

虽然要求说话者声情并茂地说话，但并不是说说话者需要像演员一样去做戏，而是将自己的真实情感融入到说话中，不要太夸张，无做作的痕迹，这样才能大方自然地表现出自己内心的情感。

第 08 章

修炼本领，激发无往不利的潜能

“四个W”法则，让表达更清晰

当众说话，需要将语言表达得更清楚、更具体，这就需要遵循“四个W原则”，即“when”“where”“who”“what”，也就是什么时候、在哪里、谁、发生了什么。在说话时遵循这四个原则，一件完整而清楚的事情就会呈现在大家面前。如果在说话时只涉及了其中的一两个方面，叙述就不够完整，听众听了就会产生疑惑。说话的目的在于向听众清楚地传递信息，若听众听不懂，那你就等于白说。在现实生活中，许多人在说一件事情的时候，总是牛头不对马嘴，说到半截就开始跑题，前面的没交代清楚就开始说后面的，结果弄得大家都迷迷糊糊的。

早上，办公室里聚集了一大群人，只见小王急匆匆地跑进来，大声喊道：“出事了，出事了，出事了！”顿时，所有人的心都提到了嗓子眼，“什么事情啊？”“瞧你，火急火燎的，到底是出了什么事情，你倒是说啊”“到底啥事？在哪里出的？谁出事了”……小王端起放在桌子上的一杯水就直灌到嘴里，然后大大地喘了一口气，才说：“有人跳楼了。”

同事们都睁大了眼睛，无数的问题抛出来：“是真的吗？”小王点点头：“应该真的吧，我怎么会拿这种事情开玩笑。”又有人问：“那跳楼的是男的，还是女的啊？在哪里跳楼啊？为什么跳楼啊？人死了还是活着啊？”小王摇摇头，说道：“这些事情我哪知道啊，我也只是知道有人跳楼了，其余的事情我还真不知道，反正吓死了，我现在心还跳得厉害呢。”同事埋怨道：“那你这不是存心吊我们胃口嘛，连事情的来龙去脉都没搞清楚，就跑过来说一句话，这不是糊弄我们嘛。”

案例中，小王只是简单地叙述了一件事情，但这件事情是在哪里发生的，谁出了事情，时间、地点、人物这些关键要素都没有交代清楚。因此同事们听了就会心生疑惑：这事情到底是怎么发生的，具体怎么样。这些关键性的问题却难以从小王的嘴里找到答案，这就在于小王并没有清楚地掌握事情发生的四要素，因而造成表达含混不清。

通常造成语言表达不清晰的原因主要有两方面：一方面是由于紧张或慌乱引起的思维混乱，对于谁、什么时候、在哪里、发生了什么，常常是东一句、西一句，表达不清楚；另一方面是由于说话者本身就对事情的过程不熟悉，只模糊地知道一些情况，就急于说出来，因此才给听众一种不清不楚的感觉。

在实际语言表达中，如何遵循这个“四个W原则”呢？

1. 搞清楚状况再说话

在生活中，许多人总是在还没搞清楚状况时就说话，结果只能是说得只言片语，将本来完整的一件事情弄得支离破碎，自己说起来费劲，听众也听不明白。

2. 理清思路让叙述更清晰

如果说话者思维不够清楚，不妨在说话之前，在纸上写下事情发展的四个要素，或者将这“四个W原则”在脑海里整理一遍，让整件事情清楚地呈现在脑海里，再进行详细的叙述，这样就可以避免表达模糊不清的情况。

有理有趣惹人爱

在现实生活中，许多人抱怨自己说话没人爱听，那么什么样的说话方式才是听众爱听的呢？这个答案是有理也有趣。说话首先应该有道理，如果你的话语只是空话连篇，没有任何的营养，或者只是胡搅蛮缠，这样的话听众是不爱听的；此外，说话还应该有趣，仅仅有理的说话，听众也不一定爱听，现代社会，人们消遣的方式多了去了，比如，看电视、听音乐，如果你的说话缺乏趣味性，那么谁又愿意花时间来听你官话、套话连篇呢？因此，要想听众爱听自己说话，那就需要有理、有趣，两者缺一不可。若是只有理，未免太枯燥；若是只有趣，未免太没营养，就好像是听人说了一个笑话一样，笑声过后，说话的内容也将会被听众忘得一干二净。

说话首先应该建立在有理的基础之上，也就是通过说话来说明一个道理，或者表达自己的一些观点。然后说话者应该考虑如何让自己的语言变得有趣起来，或者引入一些典故，或者说一个有趣的寓言故事，或者插几句风趣幽默的话。这样说话就可以达到叙事论理、引人入胜、妙趣横生的效果。

在实际说话中，我们应该如何做到有理有趣呢？

1. 明确说话的主旨

说话有理，也就是说话需要有目的，是表达自己内心的某些想法，还是阐明什么道理，等等。总之，需要明确说话的主旨，而所有的话题展开都将围绕这个主旨。

2. 引入有趣的故事

在说话中，可以引入有趣的故事，比如寓言故事、神话、传说、典故，等等。寓言是文学作品的一种形式，大多是通过一个有趣的故事来说明深刻的道理，用比喻象征的手法，借古讽今，借物喻人，把一些不容易被人理解、接受的道理和主张，用一些故事通俗、形象地解释清楚，这样说话既有理也有趣，肯定会招听众的喜欢。

思维清晰，让话语符合逻辑

当众说话，逻辑一定要严密、有条理，保持思维的清晰度，通过逻辑分析的方式，将自己说话的目的清楚地表达出来。思维形式其实就是我们在思考问题时所使用的概念、判断、推理。思维规律是我们在使用概念、判断、推理进行思维活动时必须遵循的规律。这些规律要求我们在进行当众说话时保持同一性，不能互相冲突，不能模棱两可，而是需要有充分的依据。这些是说话具有严密逻辑性的要求，必须贯穿在我们说话的每一个环节中。保持清晰的思维，让自己的每一句话都具有逻辑性，如此更能准确地表达出自己内心的想法。

在一些公开说话的场合，我们经常会看到这样的现象：有的人啰啰唆唆说了大半天的话，下面的听众却如坠云里雾里，正当人们极力想弄明白他到底说的是什么时，说话者却结束了自己的说话，并表示："我很简单地发表了自己的一些看法，希望各位多多指教。"这时下面的听众却议论了起来："说了大半天，还说是简单地表达？""这人是不是脑子有毛病，自己都忘记说了多久了？""简直是浪费我的时间，说话没逻辑，想到哪里就说到哪里"。为什么说话者会如此令人生厌呢？关键就在于说话没有逻辑，没有归纳出自己所说内容的重点，让人根本搞不懂他在说什么。

那么如何才能增强自己话语的逻辑性呢？

1. 说话有理有据

当众说话需要言之有理、持之有据，当你提出一个观点之后，需要有大量的材料来论证这个观点，让听众听了觉得很有说服力。当然，你所寻找的材料论据，需要是真实的、准确的，一定要经得起实践的检验，如此说话才能做到事真、情真、理真，也才能令人信服。

2. 观点明确

当众说话所表达的思想观点必须明确，是什么就是什么，不能模棱两可。你在说话中需要肯定什么，反对什么，这些都需要明确，绝不能似是而非。如果你的话语陷入了含糊其辞的境地，就让听众难以琢磨你到底在说些什么。

3. 不能随意地变换话题的中心

在一段说话中只能有一个确定的思想，这个思想就是贯穿整个说话的中心。作为说话者不能另外选择一个中心，也不能随便变换中心，否则说话中就存在多个中心，听众自然不知道你在说什么，也不懂得你所表达的思想。随便变换话题的中心，很容易给听众造成错觉，很容易分散听众的注意力。

4. 话语前后保持一致

在某些当众说话中，人们最容易犯的就是自相矛盾的错误。比如“我基本上完全同意他的意见”，这句话就是表达有误，“基本上”和“完全”是两个逻辑意义不同的词语，“基本上”意思是绝大部分但绝不完全，那如此理解这句话来就是自相矛盾的，说话者自己也难以自圆其说。

言之有序，说话要有主次

说话要注意言之有序，也就是说话内容有主次之分，换句话说就是有条理。当众说话需要有一个总的目标，说话是否达到了预期的目标，就需要看它是否被听众理解、接受。也只有听众理解了、接受了，才能证明你的说话是成功的。反之，如果你的话语不分主次，没有目的性，听众一头雾水，似懂非懂，这就意味着说话失败了。当众说话的这个特性决定了说话者必须站在听众的角度，按照听众的理解能力和接受能力联系实际、深入浅出，让你的说话内容展现一个清晰的目标及重点。即便有时你需要含蓄隐晦地表达，说话也必须有条理，不能含糊不清、指代不明，否则会让听众难以理解。

言之有序与一个人的思维能力有重要关系，思维是否清晰，将决定着说话是否有主次。比如，当我们在叙述一件事情的时候，一定要抓住这件事情的重心，有顺序地进行叙述，语言要清晰、明白。总而言之，说话有重点，才能突出中心，彰显语言的逻辑性。

当众说话一定要目的明确，这样，你才会为了达到预想的目的调整自己的说话内容。如果首先就没弄清楚哪些是重点哪些是次要的，只是在那里东扯西扯，就会让你的表达不明确、不清晰，而听众也就听不出个所以然了。

所以，要想说话有条理、言之有序，就应该注意以下几个问题：

1. 注重语境

当众说话一定要切合语境，就是指你要根据说话的客观现场环境，包括时间、地点、目的以及说话的内容等来开始你的说话，这样才能更准确地表达自己的想法。有的人不管语境，而是自顾自地说，结果他在台上说了大半天，台下的听众还是不知道他所表达的意思到底是什么。

2. 突出重心

当众说话时，就应该明确自己说话的目的。坚持话由旨遣的原则，明确目的是说话取得成功的首先条件。只有明确了目的，才知道应准备什么话题和资料，采取哪种语体风格，运用哪些技巧，从而能够有的放矢，临场应变。如果目的不明，不顾场合地信口开河、东拉西扯，听众就会感到不知所云，无所适从。

3. 多想才能言之有序

在实际生活中，许多说话者并不是不会说，而在于不会想，最后想不明白自然也就说不清楚。在当众说话中，如果你需要说一件事或介绍一个人，那么就要认真地想想事情发生的时间、地点以及过程，或者想想人物的外貌、特征，等等。如此有了条理化的思维，才会让自己言之有序。

制造悬念，让听者感同身受

如果你曾在公共场合进行即兴发言，你可能有这样的感触：一上台就开始正儿八经地说话，会给人生硬突兀的感觉，让听众难以接受。而如果能在开场时卖卖关子，则能迅速吸引听者的注意力。这就是过程中的悬念。悬念是指听众的一种心理活动，这种心理的产生基础是听众对某种事物的认识有个大略的了解，但现在向他传达的则是已经变化了的事物，他们对此产生了关心的情绪，甚而把想探个究竟的想法急切地表达出来。

可以说，悬念是打开领导者成功演讲之门的金钥匙，这种心理活动的过程，如果能被领导者在演讲时恰当利用，就会使听众产生一种听完后所得的愉悦感，真切理解演讲者的意图。

制造悬念的开场白特别能够吸引听众的注意。所以，每一个预备当众演说的人，都应该学习立刻抓住听众兴趣的技巧！演说者在演讲开场时使用的悬念的方法有：

1.借用物品展示法

为了激发起听众的强烈兴趣，可以在讲话之前，先拿出一件物品，肯定会让在座的听众挺直身子。他们会猜想：他要表演魔术吗？这就引起了听众的好奇心。展示的物品可以是一幅画、一张照片或任何一件其他实物，只要有助于讲话者阐述思想，能引起话题。

例如，有一位先生，刚开始的时候，他就用自己的拇指和食指握住一枚硬币，然后高高举起，举到高过肩膀的位置，然后，在场的每一位听众都看着他，此时，他开始说："有没有人在人行道上捡到像这样的一枚硬币？它上面说，只要是捡到这种硬币的人，都是幸运的，因为你能在房地产开发上得到很多优惠政策，当然，前提是你要把这枚捡到的硬币交给主办的公司即可……"接下来，艾利斯先生始谴责这种行为，指出其是错误和不道德的。

2.即景生情法

讲话时，我们不妨以眼前人、事、物、景为话题并加以引申，把听众的注意力不知不觉地引入演讲之中。当然，这个话题最好能生动有趣。这样即兴发挥，能给人耳目一新的感觉。

当然，即景生题不是故意绕圈子，不能离题万里、漫无边际地东拉西扯。否则会冲淡主题，也使听众感到倦怠和不耐烦。演讲者必须心中有数，还应注意点染的内容必须与主题交相辉映，浑然一体、恰到好处地过渡。

3.对比设疑法

讲话开场时，你可以用强烈的反差、对比来引出自己的题目，以期在人心目中留下深刻的印记。这主要指以对比、对照和映衬之类的修辞手法，来引领和导入自己的话题。

当然，在使用对比设疑法开场时，不能故弄玄虚，这一方法既不能频频使用，也不能悬而不解。在适当的时候应引入话题，使听众的好奇心得到满足，而且也使前后内容互相照应，结构浑然一体。

第 09 章

适时互动，站在听众立场想问题

利用设问与反问，感染听众

设问能够产生悬念，引起人的注意力，引发听众思考。如果设问运用得好，就会使讲话极具说服力和感染力，产生让人无法辩驳的说理效果。常用设问，还能帮助讲话者抒发情感，曲折含蓄地表达出某些不便明言的信息。比如有人在讲话这样说道：“什么是龙头？龙头就是标杆，就是参照系，别的都要服从，都要以此为标准，必须将认识进一步统一到这个总的指导思想上来。”

设问的问话，切忌提一些无关紧要、众人皆知或者缺乏震撼力的问题，也不需要问得太过频繁。设问的运用，关键就在于为讲话内容设计几个比较醒目、巧妙而又有分量的问题，给听众一种好奇感，激发他们等待答案的期待，然后自己作答，娓娓道来。

反问则是不需要回答的问题，答案就在问话之中，就是对问话的否定。反问的运用，可以表达出非常激烈的情绪，在热情奔放、情绪激昂的场合最适合运用。一连串设计巧妙的反问句，能使讲话具有非常大的气势，具有极大的震撼力与感染力，让听众听了之后情绪高涨，热血沸腾。

卡耐基曾经说过，如果想说服别人，最好的办法就是举出例证反其问之，因为反面的例子比正面辩驳更具有说服力。所以，有时候，领导者需要说服别人的时候，你不妨采取反问的手法，举出一个反面的例子来进行有力的说明。

有一次，拿破仑对他的秘书书："布里昂，你知道吗？你也将永垂不朽了。"

布里昂开始不解拿破仑的意思，拿破仑解释说："你不是我的秘书吗？"

布里昂明白后，笑了笑说："请问，亚历山大的秘书是谁？"

拿破仑回答不上来，赞扬道："问得好！"

布里昂明白了拿破仑的意思，虽并不寄予希望于依靠拿破仑的名气扬名，但是他仍不忘作为秘书对主帅的尊重，所以采用表明请教，实际上采用了反问的方式："请问，亚历山大的秘书是谁？"证明了大前提的不可靠性，也使拿破仑的结论不攻自破。

运用反问能够增强语势，把原来肯定的意思表达得更鲜明，不容置疑，所以，也更容易集中听众的注意力，给听众造成强烈的印象，容易唤起听众的想象和激情，这样的表达方式比正面更能产生力量。反问把答案寓于问句之中，而它所表达的思想内容与句子的表面意思相反：如果语句表面意思是肯定的，那么思想内容则是否定的；反之亦然。

为了提醒、加重讲话内容，引起观众注意，增强语言表达效果，有时需要在讲话中进行自问自答，巧妙运用设问、反问，与听众形成互动，调动他们的积极思考问题，并感染其激情、热情。

联系实际，满足听众需求

演讲者在演讲中，要注意理论联系实际，注重实用价值。虽然，在演讲过程中为了增强演讲的效果会通过一些手段，但是演讲的最终目的还是使听众受到启迪，并从演讲中获得一些道理去思考。

毛泽东非常注重联系实际，讲究语言的实用性。他认为，内容空洞、言之无物才是讲话的最大弊病。所以，毛泽东倡导并发起的“反对党八股”的运动，“既成为唐宋以来崇尚文以载道的古代优良文学传统的继承发扬，又成为对流行一时的党八股的一记猛喝，具有极其重要的现实意义和长远意义”。毛泽东不满足于把话讲得清楚明白，而是力求富有表现力，力求鲜明的个性和魅力。

因此，演讲者在演讲中联系实际，注重实用，就需要注意以下几个方面。

1.切忌空话连篇，须言之有物

有的演讲者在演讲的时候，长篇大论，空话连篇。这样的讲话听众是不喜欢听的，也不愿意听，这样的演讲根本达不到讲话的效果。俗

话说：“到什么山上唱什么歌。”我们无论做什么事都要看情形办理，演讲者作演讲也是同样的道理。我们反对的是空话连篇言之无物的八股调，最不应该、最要反对的是言之无物的演讲。

“巧妇难为无米之炊。”很多演讲者之所以作演讲空话连篇、言之无物。就是因为脱离基层、脱离实际、脱离群众，心中无“货”。演讲者要言之有物必须深入实际，多作调查研究，对所讲的内容做到底子清、情况明，心中有“货”。

要做到“言之有物”重在平时学习。语言是一门艺术，讲话能够一针见血、切中要害、生动形象不是天生的，而是平时学习锻炼的结果。演讲者要注重加强口头表达能力的锻炼提高，学会用事实说话，学会用群众语言说话。要坚持实事求是，用事实和数据说话，不讲空话、套话。努力做到文风朴实、文字简洁、语言生动，使群众听得懂、愿意听、记得住、能管用。

2.联系实际

演讲者在演讲的时候，一定要联系实际，切忌只谈理论。如果只是空谈大话，而不从实际问题出发，那么就会听众食之无味。理论没有联系实际，也没有应用到实际中，那么它就不能上升为真理。演讲者讲话需要遵循实事求是的原则，事实是什么样的，就怎么讲，而不是肆意地捏造事实，这样不仅不具有说服力，还有损自己的良好的形象。

3.注重实用价值

演讲作为一种现实的社会性活动，其实用价值可用一句话来概述，即争取最大限度的“共同性”。这里所说的“共同性”是“取得共识、建立同感”的意思。

从总体上看，演讲的实用价值就是演讲者与听众取得共识，使听众改变态度，采取行动，推动人类社会向理想境界迈进。所以，演讲者在演讲的时候，千万不能只顾表现自己，而应该思考如何让听众与你达成“共识”，这才是演讲的作用。演讲无论是宣传自己的主张、观点，或是传播道德伦理情操，还是传授科学文化知识和技艺，都是为了让听众同意自己的主张、观点和立场以取得共识，并在此基础上激发听众的实际行动，向着理想境界迈进。

一次卓越的演讲，一定会让听众获益匪浅，让听众津津乐道。而那些平庸的演讲，或者只注重花哨的形式，或者只空谈理论，或者只是废话连篇，只会让听众一无所获。

巧妙铺垫，善于营造氛围

我们都知道，任何一场演讲都有三个构成因素：演讲者、演讲内容和听众，缺一不可，演讲者也只有把自己的演讲与听众联系起来以后，一场演讲才算是真的完成了。

我们都知道，我们要作一场成功的演讲，就要在演讲前做足准备工作，并且要演讲者热爱自己的题目，要有真诚的态度，但要想演讲成功，还要把听众的因素考虑进去，就是要让听众觉得你所说内容很重要，光我们自己有热情还不够，一定要让听众感受到我们的热情，并且也变得有热情。为此，演讲中，我们要善于巧妙铺垫、营造氛围，以此带动听众的热情。

听众是演讲活动不可缺少的重要部分。演讲是演讲者与听众的双向交流活动。演讲者是信息的传播者，听众是信息的接受者。演讲者离开了听众就失去了对象，演讲活动就无法进行。可见，成功的演讲者既要使演讲成为听众的一部分，也要使听众成为他的演讲的一部分，而其中首要的，便是要了解和掌握听众的心理特点。

可见，营造良好的演讲氛围，可以带动听众的积极性并能够很好地学到演讲技巧。这里讲的“气氛”，就是要带动听众的情绪，让听众达到一种情感的共鸣。这里的气氛，可以是活泼的、热烈的、庄严的……那么怎样营造这种氛围呢？

1.酝酿浓厚情感，以情动人

曾经有名希望工程的发起者，到北京某贵族学校演讲。还没等他开讲，台下这帮养尊处优的孩子便叽叽喳喳地响成一片，乱成一锅粥。

此时，他见情形不妙，便大声喊了几句，但这种方法似乎根本不见效，于是，他叫来一个在现场的老师，将电闸关掉，礼堂便突然漆黑一片，随之也安静了下来。

这时候，这位发起者啪地一声打开了幻灯机，银幕上顿时出现了那张有名的“大眼睛”照片。这些孩子们顿时也睁大了眼睛，看着幻灯片上的照片。

“同学们，你们家里有没有照相机啊？”发起者此时突然提问道。

“有！”下面齐声回答。

“你们会不会照相？”

“会！”

这时，发起者便指着下面的一位同学问：“请你说说看，照相有什么样的意义？”

“留着做个纪念呀。”

“好！作为留念——那就请大家看看，老师给这些山里孩子们拍的留念照片吧！”

然后，他每放映一张照片，就介绍一个有关失学儿童的故事。

在这里，这位演讲者，就是利用讲述照片来历的故事，既抓住了同学们的注意力，又营造出一种与演讲内容相适应的肃然气氛，使同学们很快进入“规定情景”之中，激发了他们对贫困学生的关注和同情心。

当然，以情动人除了要求说话人自己要动真情之外，还要求说话人善于将自己的真情实感淋漓尽致地表达出来，迅速激起对方的共鸣。说话人必须善于体察对方的心境，用饱含浓情的言辞去拨动对方的心弦。

2.敢于打破定势，善于标新立异

人都是有好奇心的，如果在演讲中加入一些能满足人们好奇心的因素，那么，势必能营造出良好的演讲氛围，为此，你需要做到打破常规，标新立异。但前提是你需要尊重文化传统和思维习惯。

3.给听众看一场“秀”，营造出亲切可信的气氛

生活中，我们经常会看到一些减肥产品的宣传者会当众说：“眼前

站在你们面前的这个美女，她才45公斤，但你们知道吗，她曾经是个重达65公斤的‘圆球’！假若有人需要减肥的话，其实是一定办得到的。相信你们也一定能行！”

此话一出，听众肯定会翘首以待听他的“减肥真经”。可见，有时候，演讲的真正含义，并不完全在“讲”，还在于“演”，如果能给观众一场秀，与客户互动，就会给听众以亲切、真实、可信之感，这样调动起听众的热情，也就自然增强了演讲的感染力。

讲话中的“营造气氛”，指的是，让听众跟随你的节奏走，只有从主题出发，结合现场的具体情景，针对听众此时此刻的心态和情绪，灵活地调动种种语言手段才能达到如此效果！

总之，如果听众对演讲内容有极大兴趣，便会采取积极、热情的合作态度；反之，则会采取冷漠甚至敌视的态度，演讲就不会成功。因此，演讲者必须在了解听众的基础上力求触发听众的兴奋点和创造欲，才能实现最终目的。而成功的演说者在演说前往往都会进行一番铺垫，与听众互动，以营造让听众乐于倾听的氛围。

说点自己的私事，拉近与听众关系

现实生活中，我们发现，人们似乎都有几个可以互诉衷肠的知心朋友，人与人之间为什么会由陌生人到朋友？因为情感的共鸣！同样，在演讲中，我们要想得到听众的配合，也应该在和听众拉近心理距离这一问题上做努力。

从心理学角度看，人际关系的疏近，与其交谈的话题有一定的关系的，关系越密切，所谈话题越个人化、私密化。而交谈之初，交往双方往往是互存芥蒂之心的，而这对于整个交流无疑也是毫无益处的，此时，如果我们能主动跨出交往的第一步，向对方透露自己的一些私事，那么便能给对方一个心理暗示：我们之间关系很好，你可以向我倾诉你的心事。

对于演讲这一人类沟通的高级形式来说，我们也需要明白的是，并不是隐藏的越深越好，在演讲中偶尔说点自己的私事，也能帮助我们拉近和听众的心理距离。

无疑，只有能带动听众热情的演说才是成功的演说。在演讲中，和听众拉关系的方法有很多种，其中就包括诉说自己的私事。只有这样才更容易获得听众信任。相反，那些“趋于完美”“毫无瑕疵”的完美主义者，似乎总是“曲高和寡”，并没有多少人愿意亲近他们。

具体来说，我们可以做到：

1.适度自爆其短

比如，你可以偶尔提及自己曾经失败的事，比谈自己成功的事，更易拉近彼此间的距离。因为老是炫耀自己成功的光荣事情，容易让听众产生反感，而留下不好的印象。这样，首先在态度上我们已经示弱并表示了友好，听众没有不接受的道理。

暴露自己，要达到让对方产生如“这个人有点小缺点，但是其他方面挑不出毛病来，是个相当不错的人！”类似的想法这一效果，然后对于你的演讲观点，也就更容易接受了。

2.把握说私事的程度

提倡“自我暴露”，并不是让你把自己的“老底”都揭给听众看。我们不妨选择暴露那些不会影响到整体形象的“小事件”“小缺点”或者“小毛病”等，正因为这些小瑕疵的存在，我们才会显得更真实，更可爱。

总之，学会以上这一暴露自己的小技巧，会更容易打动听众，获得他们的认可。

不少演讲者虽然优秀，但不可爱，会让人产生一种敬畏和猜疑心理。因为那些表现十分完美的人，人们往往敬而远之；而相反，适度表达“秘密”和缺陷，可以赢得听众关注。

用开放性问题让听众参与其中

我们都知道，任何交流形式都是相互的，演讲中，与听众的互动也是如此，一些人在演讲中如鱼得水、尽得听众掌声，而有些人却被听众冷落、一个人唱独角戏，其中一个重要原因就是听众对你的话不感兴趣。一个真正的演讲高手似乎总是能营造出愉快的沟通氛围，而其实，这与他们善于提问来挖掘听众的兴趣有关，听众一旦愿意听你说话，便会认同你、接受你。但事实上，提问也并非一件易事，因为我们的提问只有在发挥积极的作用下，对方才愿意回答。而这就要求我们多提积极的、开放的问题。因为通常来说，只有开放性的问题才能让听众回答的范围越来越广，也才能产生积极的效果。

一个刚来到澳大利亚的中国留学生遇到了这样的一件事。

一天，他在街上闲逛，这时，走过来一个金发小姐，对他说："您是中国人？"

"嗯。"他下意识地回答了一声。

"那么，我能问您几个问题吗？"

"但是我并不懂英语。"他打着手势，装作不懂的样子。

"请放心吧，只是四个问题。"金发小姐对他微笑了一下，然后问了一连串的问题："您是学生还是工作了？您最想做的事是什么？将来想从事什么工作？对未来有何打算？"

听到金发小姐这么问题，他所有的疑问都消除了，他心想，在这样陌生的一个城市中，竟然还有人关心他，关心他的工作、生活，甚至未来等，于是，他也很诚恳地回答了金发小姐的问题："我还是学生，但我同时也在打工，每天，我都感到很压抑，我没有朋友，因此，我希望和别人交往。在未来嘛，我当然希望从事自己喜欢的工作并取得一定的成就。"

"您渴望交朋友、渴望让自己的生活丰富起来，也渴望成功，那么，您想过没，您可以选择一个媒介去帮您实现，对于这一点，我就能告诉您。”

他感到十分惊奇，“她怎样帮助我实现？”于是，他在金发小姐的带领下，来到了她的办公室。接下来，金发小姐告诉他，她的工作是帮助那些有困难的人，根据他们的具体情况，为他们推荐他们需要的书籍，并且，这里的书籍还可以享受九折优惠，于是，这位留学生在最后买了金发小姐推荐的一本书。

在这个案例中，金发小姐成功推销出自己的书，就是因为她善于提问，她先用一连串的问题，而这些问题，是丝毫没有涉及推销的，并且是从关心留学生的角度提出的，因此，很快便使留学生消除了心理障碍。然后，她再适时地引入销售问题，让留学生产生一种继续想知道的愿望，随后，金发小姐成功推销出书也就成了一个事实。

同样，这一方法也可以被运用到演讲中。的确，开放性的问题因为具有很大的回答空间，所以能激发听众的说话欲望，进而让听众参与到谈话中，在听众感受到轻松、自由的说话氛围后，便会对你的演讲产生兴趣。

通常来说，开放性的提问方式，有一些典型问法，比如，“为什么……”“……怎（么）样”或者“如何……”“什么……”“哪些……”等等。具体的问法就像案例中一样，需要我们认真琢磨和多实践才能运用自如。

当然，在提开放性问题的时候，我们还需要注意以下几点：

1.以轻松的问题发问

以轻松的话题开头，最好不要直接涉及演讲的主题。当然，以这种问法开头，要求我们掌握交谈中的主动地位，这样问的目的在于一步步引导对方，在对方肯定了我们所有的问题后，自然会得出积极的结论。

2.对于听众的回答，千万不要否定

演讲中，如果当你提出某个开放性问题后，听众的回答你不认同，你甚至特别想说服他接受你的观点，此时，你最好不要一上来就否定他的观点，说他的观点是错误的、荒谬的，这样你一定不会获得理想的结果。相反，如果你能机智、委婉地说出你的观点，然后将听众引到其他话题来，从而让他们忘记自己原来的观点，这是能将话题继续下去的明智之举。

3.避开听众的忌讳

事实上，每个人都有自己的忌讳，人人也都讨厌别人提及自己的忌讳。我们在提开放性问题的时候，最好要避开这类话题，把握分寸，不要伤害到别人的自尊心。

听众都喜欢那些轻松、和谐的演讲环境，而你是否能达到演讲目的，也与客户是否愿意互动有直接的关系，我们多提开放性的问题，能使听众产生回答的兴趣，从而愿意继续听下去，何乐而不为呢？

适当穿插文字游戏，让讲话更生动

生活中，我们常听到周围人说“别跟我玩文字游戏”，这里，很明显，“文字游戏”是贬义的，意指说话时不直截了当、拐弯抹角。但同样，我们能从中得知其另外一个含义：文字游戏是一种多元化的表达方式，它往往表面上一个意思，深层次还有一个意思，其中的弦外之音才是传达给听者的真正含义。

在当众讲话中，文字游戏还是一种幽默的语言方式，通过这样的方式来展现自己的幽默，会让听众产生出乎意料的感觉，同时也会让听众认为你思维敏捷、头脑机智、才华横溢等，不过，文字游戏的使用看似简单，实际上则是需要我们有良好的语言积累，还要做足准备，这需要我们在平日里多训练，不过文字游戏产生的幽默效果则是很明显的。

幽默的文字游戏不但能为演讲者减少自身的紧张压力，更可以快速有效地拉近听众与演讲者间的距离，更重要的是演讲过程中适当穿插文字游戏，不仅能活跃现场的氛围，而且能更好地表达自己所要演讲的主旨。

事实上，自古以来，很多文字功底深厚的人都深谙文字游戏之道，他们能信手拈来，常常能使听众经历一个从云里雾里到恍然大悟的过程，而且轻松幽默、启发智慧。

侯白很有才华，而且思维敏捷、善于联想。他有个爱好，就是在闲暇时经常跟人们在一块猜谜语，而且猜之前立下规矩，力求猜出水平，杜绝瞎猜乱猜。一次，侯白先对众人约法三章："首先，所猜之物必须是能看见的实物；其次，不能虚作解释，迷惑众人；最后，如果解释完了，却见不到此物，就应受罚。"接着他先出谜面："背与屋一样大，肚与枕（车后横木）一样大，口与杯子一样大。"大家猜了半天，谁也没猜中，都说："天下哪里有口和杯子一样大而背却和屋一样大的物件？定无此物，你必须跟我们大家打个赌。"侯白跟众人打完赌，解释说："这是燕子窝。"众人恍然大笑。又有一次，侯白出席一个大型宴会。席间，大家都让他做个谜语助兴。所猜之物，既不能怪僻难识，又不能抽象不实。侯白应声而道："有物大如狗，面貌极似牛。这是何物？"众人竞相猜个不停，有的说是獐子，有的说是鹿，但都被侯白否定了。便让侯白说出谜底。侯白哈哈大笑道："这是个牛犊。"众人再次被侯白的文字游戏戏耍了。

艾子有一个孙子，年龄有十多岁，性情懒惰顽劣，不爱读书。艾子非常讨厌他，经常用木杖打他，但他屡教不改。艾子的儿子只有这么一个孩子，时常担心孩子禁不住杖打而死掉，因此，每当父亲杖打孩子时，他都在一旁含着泪求情。艾子看到儿子的可怜相，越加愤怒，教训他道："我替你管教孩子难道不是好意吗？"边说边打得更厉害了，儿子也无可奈何。一个冬天的早晨，下着鹅毛大雪，孙子在院子里堆雪球玩。艾子发现了，脱光孙子的衣服，命他跪在雪地上。小孙子冻得浑身发抖，直打寒颤，煞是可怜。儿子也不敢再求情，便脱去衣服跪在其子旁边。艾子见了，惊问道："你儿有过错，理当受此惩罚，你有何罪，跟他跪在一块？"儿子哭着说："你冻我的儿子，我也冻你的儿子。"

艾子不由地笑了起来，饶恕了他们父子。

当然，现代人的幽默中也不乏文字游戏，而且也将智慧的精妙体现得淋漓尽致，经常用平铺直叙的剧情给人们意想不到的结果，使人捧腹大笑。

在演讲中要不时地加入笑料，这样能很好地起到提神的作用，因为每个人的精神集中时间都是有限的，所以要不时地调节大家的思维节奏，使听众自始至终保持高度的兴趣与注意力。而文字游戏不仅能很好地充当笑料，而且能使受众的思维跟着文字游戏的内容跌宕起伏，体验出乎意料带来的快感，从而使你的演讲吸引受众，更加深入人心。

运用幽默是有技巧和方法的，只是要在时间点及情境上灵活掌握，再加上串连的机智，即可发挥令人欣羡的幽默特质，达到演讲的预期效果。

第 10 章

随机应变，锻炼灵活的思维能力

训练当众讲话的敏捷思维

说话是动嘴，思维是动脑，这两者之间不光有关系，而且存在着很密切的关系。通常那些思维敏捷的人总是“张嘴就来”，反应速度很快，无论是自己被刁难时，还是需要回答问题时，他们都能快速地组织好语言，可谓巧舌如簧。而那些思维不够敏捷的人，说话时经常短路，反应不敏捷，经常比别人慢半拍；见解不深刻，没有创新的思维，经常是人云亦云；思维狭窄，没有新意，言语没有力度。语言就好像思维的外壳，思维则是语言的基础。当众说话，既需要讲究方法，又需要训练思维，如此才能真正地做到内外兼修，也才能突破当众说话的“瓶颈”，同时让我们的说话水平依托敏捷的思维而渐入佳境。

一个人口语表达能力的高低取决于其思维能力的强弱，如果想提高自己的口语表达能力，只有先提高自己的思维能力。比如，我们在当众说话中存在的，诸如条理不清、语言干瘪、无话可说等现象，都属于思维的范畴。在生活中，有不少人在公众场合根本说不好话，明明是经过精心准备的，可一到台上脱离了讲话稿，就说得结结巴巴的，甚至词不达意。这就是思维敏捷度不够，或者说思路不够清晰。和写文章不一样，说话不能停下来多作思考，而是必须一句接着一句，如此就要求思维敏捷，前后连贯，不能吞吞吐吐，更不能逻辑混乱。

里根就任美国总统后，第一次出访加拿大，时值加拿大正举行反美示威游行。一次，里根总统的演说被反美示威游行的人群打断。只见里根总统面带笑容对陪同的加拿大总理特鲁多说：“这种事情在美国时常发生，我想这些人一定是特意从美国来到贵国的，他们是想让我有一种宾至如归的感觉。”本来双眉紧锁的特鲁多，立即笑了起来。

有些场景的变化是出人意料的，作为说话者来说，如果思维不敏捷，应付不好，就会使自己陷入某种困境。这就需要说话者具备敏捷的思维，善于变换切入角度，灵活地应付和驾驭各种局面以及场景。在上面这个案例中，里根高超的说话艺术体现了其思维的敏捷度，故作曲解、歪解，从而化解了主人的窘迫，同时还体现了自己作为总统的胸襟与气度。

那么在当众说话的场合，需要什么样的思维方法才能提高思维的敏捷度呢？首先是辩证思维，也就是正反两方面看问题，一分为二地看问题，这样就可以让你看问题更有高度；其次是分析思维，这可以让你看问题有广度，不仅看问题比较全面，而且言之有理，因为你把问题分析开了，具体化了，这样就解决了许多无话可说的情况；最后是逆向思维，这可以让你更深层次地看问题。总而言之，思维就是说话重要的基石，需要不断地、经常地练习，通过这几种思维方式来练习说话，假以时日，你就是一位思维敏捷的说话大师。

那么如何训练出当众说话的敏捷思维呢？

1.掌握丰富的知识

思维敏捷来自于丰富的知识结构，你所掌握的知识越多，你说话时思维就越活跃、越敏捷，因为大量的知识让你触类旁通、左右逢源，毫无思维短路的感觉。因此需要博览群书，不断地扩大自己的知识面，增加自己的知识量，说话之前做好充分的准备，熟悉你所需要表达的内容。

2.尽量多说

在各种场合都需要尽量地多说话，而且是主动地说话，在公司会议上踊跃发言，哪怕你给家里的老人读读报纸也可以，看完了电影或者小说，可以向朋友复述电影、小说的情节内容。这样你的思维就会逐渐敏捷，口齿也越来越伶俐。

讲话要纵观全局

我们都知道，任何一个人，在建造房屋前，如果他是理智的，他绝不会在毫无准备的情况下就动手，同样，演讲中，我们在目的没有明确、没做足准备的情况下也不要妄想开口。

我们要把任何一场演讲都看成是有目的的旅程，我们必须事先绘好行程的图表。一个人随便从某处开始，通常也就终止于某处了。

卡耐基一直想把拿破仑曾经说过的一句话——“战争是门科学，未经计划、思考，休想成功”漆成浅红色的，然后挂在眼睑课堂的大门口。

其实，这一道理同样能放置到演讲中来。然而，我们发现，一些人尤其是那些初学演讲的人更是花很少的时间去进行演讲前的规划，因为规划需要花费时间和我们的精力去准备、思考，也需要我们的意志力，思考毕竟是一个不怎么快乐的过程。发明大王爱迪生曾把雷诺德爵士的一段名言放到了他工厂的墙壁上：

“成功之道，唯有用心思考，别无捷径。”

那么，怎样的安排才是最好和最有效的呢？我们在没有对其进行分析和研究之前我是无法给出定论的。它永远是个新问题，是需要每个演讲人进行深层次探索和追寻的问题，我们不能给出规则性的答案，但无论如何，正如建造房屋一样，我们需要从全局把握。

所以，我们可以说，无论是讲话还是即兴演说，其实都是没有多大难度的，我们也完全有时间在讲话前进行高屋建瓴的构思，只要我们能够镇静一点，从容一些，充分地发挥一下个人的聪明才智，就一定能够取得很好的说话效果，也能够得到别人的支持和赞扬。

田中义一是日本著名的政治家，他能够应付各种各样的社交场合，和不同职业、不同信仰、不同层次的人都能够打成一片。因为他懂得利用人们的亲近心里，来营造温馨的环境，取得比较完美的交际效果。

有一次，他到北海进行政治考察，许多当地知名人士都前来欢迎他的到访。他拉住一个衣着考究、举止文雅的中年男子的手，紧紧地握着，十分热情而又诚恳地说："感谢您在百忙之中能够来到这里，太感谢您了。请问，令尊大人还好吗？"那个人对此激动得说不出话来。亲切的话语，热烈的表情，让很多人感觉两者都是至交。

政治考察取得了圆满的结果。路上，他的秘书依然对在北海的表现感到不解，忍不住问道："那个中年男人是谁啊？我怎么从来没有见过？"田中义一的回答让所有人都感到非常意外："我也是第一次见到他，当然不知道他是谁了。"秘书更加不解了："那您为什么还亲热地问起他的父亲？"田中义一意味深长地说："谁都是有父亲的。"

这则故事中，田中义一是怎样建造认同感的？因为他利用了人们的共同心理，打出了亲情牌，这就是一种高屋建瓴的说话策略。

语言大师林语堂有"语言的艺术"一说，意思就是，语言不是一般的工具，使用起来不同于其他工具。俗话说："锦于心而秀于口。"我们说话并非单纯的口舌之技，而是一种高度复杂的脑力劳动过程。严格地遵循一套公式，循规蹈矩，就会失去固有的灵活性，让人感到索然寡味，从而丧失了继续听下去的兴趣。我们应该学会的是在较短的时间内在不同的场合应付自如。这就要求我们开动脑筋，懂得把握讲话局面，从而提升自己的讲话水平。

另外，口才训练大师卡耐基强调："一个人的成功，只有15%归功于他的专业知识，还有85%归功于他表达思想、领导他人及唤起他人热情的能力，即其驾驭语言的口语表达能力。"一个善于演讲的人必定要有较高的思维能力。事实上，也只有那些具备较高的思想水平和政策水平的人，才能在自己讲话时高屋建瓴，并且从全局和事物发展的大势上把握问题、思考问题和解决问题，自然，他们也能够以自己的领导魅力征服听众。

因此，我们应在演讲之前准备好演讲的主题思路和大纲，然后根据自己的语言、思路来发挥，这样才能更好地打动听众。

运用发散思维，激发听众想象力

我们都知道，人的想象力是惊人的，想象力能激发出人的潜能，自古以来，人生所做出的伟大发明，都和想象力有着巨大的关系。对于同一个事物，不同的人会有不同的想象。同样，在讲话中，我们能运用发散思维，激发听众的想象力，那么，将会对我们成功讲话产生很大的促进作用。因为从心理学的角度看，一旦在人们的内心世界形成一种美好的愿望，他们是极其愿意接受实现这种愿望的途径的。同时，听众对于那些被动灌输的观点、看法未必接受，而如果来源于自己思维所得的事物，则更易接纳。

另外，我们还能发现，在讲话中，我们要谈的可能是三个或者四个要点，如果单单叙述这些要点的话，大概要不了一分钟的时间，但如果我们照本宣科地叙述的话，很明显是枯燥乏味的，那么，怎样才能让这些论点表现得生动活泼呢？那就是开发听众的想象力，这样能让你的演讲表现得妙趣横生。

当然，在讲话中激发听众的想象力，需要我们从以下两个方面努力：

1.语言诱导

你要学会运用诱导性的语言为对方的想象力铺平道路，并适时限制或发展对方的想象空间，这就像制造一个固定的空间、固定的路径，引导对方朝着自己设定的方向想象，从而达到自身的目的。

下面我们引用的这段是林肯在艰难的南北战争期间对批评他的人所作的回答：

“诸位先生，我想让各位先和我一起做一番想象和假设。假如，我说的只是假如，你把你所有的财宝——黄金，交到了著名的走索家柏罗丁的手中，然后让他带上这一笔财富从绳索上走到尼亚加拉瀑布去。当他走在瀑布上时，你会不会用力摇晃绳索，或者是朝着他大喊‘柏罗丁，再俯低些！走快些！’我想你肯定不会，你会和他一样凝神静气，肃立一边，直至他安全走过去。其实，我们的政府现在所处的也是这样的情况，它也背负着极大的负担，它正在努力地越过狂风暴雨的海洋。它的手上也握着数不尽的财宝，所以，请别打扰它！只需保持安静，它就能带你安然渡过。”

这里，林肯就是用语言诱导的方法开发了听众的想象力，并借用类比的手段，鼓励民众支持政府。

2.展示法

人们常说“耳听为虚，眼见为实”，相比你所说的，人们更愿意相信自己的眼睛，更愿看见真实的幸福生活。此时，如果你也能调动起听众的视觉、嗅觉、味觉、触觉等感官亲身体验产品，那么，一旦他们对你的话产生了信心，是很愿意相信你的。当听众了解这些以后，就会有一种想尝试的欲望，此时，我们的讲话目的也就近乎成功了。

钢铁锅炉公司的主管们需要对代销商们讲解一些关于锅炉的燃料是从底部加进去的，而不是从顶部，那么，怎样解释清楚这一问题呢？于是，他们想出了一个简单却很有力的展示方法。开口前，演讲人先点燃了一支蜡烛，然后说：

“大家看到了吗？这火焰是多么明亮，它蹿得多高。因为蜡烛的燃料都转化成了热能了，不过我们看到的是，它也不冒烟。

“我们不难看到，蜡烛的燃料是从蜡烛底部开始往上供应的，其实，我们的钢铁锅也是如此，也是从底部添加燃料。

“现在，我们来假设一下，这支蜡烛是从顶部供应燃料的，那就如我们曾经使用过的那种手拨的火炉一样。(说到此，讲演人将蜡烛倒置了)

“大家请看看火焰是怎样熄灭的，烟味是不是从现在开始变了？火焰也变红了？这是因为火焰不完全燃烧导致的，最后，因为燃料是来自顶部的，所以熄灭了。”

3.让听众参与，体验互动

亨利·摩登·罗宾先生为《你的生活》杂志写了一篇有趣的文章《律师如何胜诉》。在这篇文章中，有一位名叫亚伯·胡莫的保险公司的律师。在接手公司的一起伤害诉讼时，他巧妙地运用了戏剧性的展示表演。

原告波士特魏先生说，他因为在电梯摔倒，从楼上滚到楼下，感觉肩膀严重受伤，现在都无法举起自己的右臂了。

胡莫表现得很关心的样子。然后他充满信心地说："现在，波士特魏先生，请让陪审团看看，你大概能将手臂举到多高。"波士特魏按照他的话去做，然后十分小心地将手臂举到了耳边。谁知道，接下来，胡莫说："现在再让我们看看，受伤前，你能把它举起多高？"胡莫明显是在怂恿他。"像这样高。"波士特魏说着马上伸直了手臂，把胳膊举过超过肩膀的高度。

这里，亚伯·胡莫是聪明的，在法庭上，面对原告的无端诉讼，他并没有费尽唇舌地辩驳，而只是让原告参与到了一场"游戏"中，所有的问题就迎刃而解。

所以，聪明的人在当众讲话过程中，都会巧妙描述，借此开发听众的想象力，这一方法能加快听众接受意见的脚步，一旦对方感受到你所描述的蓝图是美好的，他们会毫不犹豫地选择听从你的意见。

未雨绸缪，做好对策

有时候，虽然你在演讲之前做好了一切准备工作，可是还是免不了在演讲过程出现各种各样的问题。如果你提前没有预想这些可能出现的问题及对策，就会使自己陷入极端尴尬的局面，使你在台上进退两难，也会严重影响你的演讲效果。

一、听众的故意刁难

听众中难免有恶意的刁难者，他们会在演讲过程中故意提出一些带歧视、轻视、敌视性的问题。对待这些刁难者，演讲者不能像对待善意的质疑者那样，而是应该不客气地给予回击。你可以采用欲扬先抑、运用幽默等策略。

1.顺水推舟

有时候，你会面对一些刁难者的恶意提问，如果你不顺水推舟把问题巧妙地回答了，他就有可能提出更尖锐的问题。

作家谌容有一次应邀到美国一所大学演讲。她刚登上讲台，就有人给她提了一个难堪的问题："听说您至今还不是中国共产党党员，请问您对中国共产党的私人感情如何？"谌容顺水推舟地答道："你的情报很准确，我确实还不是中国共产党党员。但是，我的丈夫是个老共产党员，而我同他共同生活了几十年，尚无离婚的迹象，可见，我同中国共产党的感情有多深。"

谌容巧妙得体的回答博得了台下听众的称赞，她正是顺水推舟回答了听众提出的难堪问题。

2.欲抑先扬

有时候，听众会提出一些很刁钻的问题，可能你的回答会恰好中了他的圈套，这时候，你不妨先承认他的观点，然后再巧妙地提出你的观点让他接受。

3.运用幽默

有时候，面对恶意的提问，你不妨用你的幽默来化解彼此的尴尬。

英国前首相丘吉尔有一次正准备做即席演讲，一位媚态十足的女士对他说："丘吉尔，你有两点我不喜欢。""哪两点？"丘吉尔问。那女士说："你执行的新政策和你嘴上的胡须。"丘吉尔听后，彬彬有礼地答道："哎呀，真的，夫人，请不要在意，您没有机会接触到其中的任何一点。"

丘吉尔一向以幽默著称，他的幽默既巧妙地回答了那位女士的问题，也诙谐地取笑了那位女士对政治的愚钝。

4.避实就虚

有时候，你不需要正面回答那些故意刁难的问题，你可以避开要害问题，谈论一些无关紧要的话题，可以转移人们的注意力。

在一次记者招待会上，一位西方记者问周恩来总理："请问，中国人民银行有多少资金？"周恩来听出他是在讥笑我国贫穷。对此，周总理没有做正面回答，而是巧妙迂回、避实就虚地说："中国人民银行货币资金嘛，有18元8角8分。"接着，周总理做了这样的解释："中国人民银行发行面额为10元、5元、2元、1元、5角、2角、1角、5分、2分、1

分这十种主辅币人民币，合计为18元8角8分。中国人民银行是由全国人民当家做主的金融机构，有全国人民做后盾，信用卓著，实力雄厚，它所发行的货币，是世界上最有信誉的一种货币，在国际上享有盛誉。”周总理这样一说，顿时引来全场掌声。

周总理很好地采用了避实就虚的技巧，没有正面去谈中国的贫穷，而是巧妙地把话题引到了中国货币上来了。

二、自身的失误

演讲者自身在演讲中的失误也时有发生，如演讲忘词、讲漏，或者不小心摔了一跤、绊倒了东西，等等，这些都是经常会发生的事情。出现这类失误以后，演讲者一定要保持镇定，这样才能想到及时、有效的补救方法。

1.演讲忘了词

演讲者在演讲过程中如果忘了演讲词，那么千万别让自己“卡壳”的时间太久，而应该强行使自己思想集中，争取在两三秒之内回忆忘掉的词语。假如实在想不起来了，也可根据原来的意思另换词语，或者干脆另起一行，将下一段内容提上来讲。

2.遗漏或念错词、讲错话

演讲者在演讲的时候，如果出现遗漏或念错词、讲错话的失误，怎么办？这个时候，演讲者最好能够自己悄悄改过来，不露一丝痕迹。如果发现自己漏讲了某一点、某一段，可以随后补上，不必声张；如果念错某个字词，或讲错某句话，也可以及时纠正，或再次出现时纠正；万一听众发现了你的错误，也不要紧，演讲者不妨将错就错，自圆其说。在这方面，表演艺术家有许多成功的经验可以借鉴。

演讲者如果出现失误，完全可以想补救的做法，将错就错，自圆其说。但是要注意，自圆其说一定要圆得有水平而不是胡乱编造。

3.上台的时候跌倒了

曾有一位演讲者走上讲台时不慎被话筒线绊倒了。当时台下听众发出了一片唏嘘声和倒掌声，气氛降到了零点。这位演讲者爬起来后，不慌不忙地走到话筒前，微笑着对听众说："同志们，我确实为大家的热情倾倒了！谢谢！"顿时，全场响起了热烈的掌声，大家都为他这绝妙的应变和开场白喝彩。

演讲者在上台演讲时不小心跌倒了，或上台时才发现自己衣服扣子扣错了，或拉链没拉好，或帽子戴歪了，等等，遇到这种情形，演讲者多半会感到尴尬。比较笨拙的化解方法是，演讲者可以跟听众笑成一块，并在笑声中恢复常态；高明的化解方法是演讲者能够借事发挥，说几句巧妙的开场白。

总的来说，在演讲过程中出现的问题，无外乎两种情况，一是来自听众的故意刁难；二是由于自身的失误。而这样的两种情况就有可能出现一些各种各样的问题，如果在你毫无准备的情况下是相当棘手的。所以，在演讲之前你要预想演讲过程中可能出现的问题及对策。

说话讲重点，切忌兜圈子

在现实的演讲中，我们发现，不少人说话都有一个明显的弊病，那就是非常啰唆，他们把一些极为简单的问题复杂化。本来可以三言两语就能说清楚的问题，非要重复无数遍，结果越说越离谱，自己也搞不懂在说什么。

这些人之所以喜欢长篇大论，是因为他们认为，语言越多，越是能打动听众，其实不然，说的越多，出错的可能性就越大，事实上，那些真正的演说大师演讲时都不会打持久战，而是采取简短有力的演讲方式。从另一个方面说，现代社会，人们的时间观念都很强，没有人愿意花费太多的时间来听你的长篇大论。所以，我们在说话的时候，切忌绕圈子，而是把话说到点子上。有话则说，无话不说，长话短说，这样才能更准确传达你的思想。

1863年7月1日，对于美国人民来说是个非常有意义的日子，因为这天在美国发生了一件惊天动地的事，美国南北战争在华盛顿附近的葛底斯堡打响了。三天激战后，北方部分大获全胜。

战后，美国的宾西法利亚等几个州商讨决定把战争中逝去的烈士合葬在国家烈士公墓。

公墓在1863年11月19日举行落成典礼，美国总统林肯也就理所应当地被邀请前去演讲。除了林肯之外，演讲者还有美国的前国务卿埃弗雷特，而林肯只是因为总统的身份，才被邀请在埃弗雷特之后讲几句形式上的话。这种情况下，林肯非常清楚自己的处境，在他前面演说的是在美国历史上最有演说能力的人。而林肯如果说不好的话，无疑就会被在场的人笑话，会使得自己颜面尽失。

在典礼上，埃弗雷特那长达两小时的演讲，洋洋洒洒，确实非常精彩，也获得了听众的掌声。令人意想不到的是，林肯的演说居然只有十分钟，而就这十分钟的演讲，不仅仅是赢得了当时在场的一万多名听众的热烈欢迎，而且还在全国引起了轰动。

当时有报纸评论说："这篇短小精悍的演说简直就是无价之宝，感情深厚，思想集中，措辞精炼，字字句句都很朴实、优雅，行文毫无瑕疵，完全出乎人们的意料。"就连埃弗雷特本人第二天也写信给林肯："我用了两个小时总算接触到了你所阐明的那个中心思想，而你只用了十分钟就说得明明白白。"林肯这次出色的演讲的手稿被收藏到了图书馆，演讲词被铸成金文，存入了牛津大学，作为英语演讲的最高典范。

林肯在这次演讲中靠什么取胜？那就是简洁，他那简短有力的演讲比长达两个小时的精彩演讲更深入人心。很多时候，言简意赅的讲话比那些长篇大论更容易被人们所接受，所谓"浓缩的就是精华"，因为简洁，所以它所阐明的思想会更有深度；因为简洁，它所表达的意思更加清晰；因为简洁，它所彰显的内容会更有力度。

同样，演讲中，我们要想自己的讲话获得较好的效果，就必须讲究语言的简洁、精炼，这样才能使听众在较短的时间里获取更多有用的信息。反之，如果你只是空话连篇，言之无物，那么无疑是在浪费时间。在很多时候，我们哪怕只讲了一句话，也能获得满堂的掌声，而有的人讲了整整一个小时，却获个稀稀拉拉的掌声，这就是语言是否简洁的效果。

那么，我们该如何灵活运用开门见山式的开场方式呢?

1.快速入题

我们欲使听众尽早进入状态，接受自己的言论，就必须重视入题的速度和方式两方面的安排。既要“开门见山，一针见血”，这就是“快”；又要有逻辑上的悬念、起伏和跌宕。

这里，强调入题要快，并不是说所有入题都以“开门见山”这样“直”的方式为佳。其实，有时候入题更需要讲求一定的曲折和委婉，尤其要讲求一点逻辑悬念，方有利于入题的引人入胜。因此，有时候，不妨在言辞上多下点工夫，以悬念抓住听众心理，引起他们的注意和重视。

2.观点鲜明

我们在选用开门见山这一开场方式时，就要观点鲜明。演讲观点鲜明，可以显示我们对理性认识的肯定，更能体现我们对客观事物见解的透辟程度，能给人以可信性和可靠感。演讲稿观点不鲜明，就缺乏说服力，就失去了演讲的作用。

3.语言有力度

我们讲话应该注重简练的语言，太过繁琐的语言会让你所表达的意思不够准确，也会占用听众更多的时间，结果就是你既没有讲明白你的意思，下面的人也是一头雾水，强忍着听下去。简洁的几句话显得更有力度，也更容易被听众所接受。

4.把话说到点子上

相传，墨子的学生曾经问墨子："话是说得多好，还是说得少好?"墨子说："你看田里的青蛙，整天叫个不停，却没有人理会它，而公鸡每天只在天快要亮的时候，才叫一两下，人们都很注意它。可见，话不在说得多而在说得有用。"

总之，在演讲中，我们陈述观点传递信息的时候，要让所说的话有力度，能够让人听得进去，才是好的说话方式；我们讲话一定要做到一针见血、言简意赅，这样才能让听众们明白你到底说的是什么。

第 11 章

擅用修辞，让语言血肉丰满充盈

比喻让表达更炫丽

我们都知道，言谈的力量是巨大的，它可以把两个陌生的人由陌生变为熟悉，由熟悉变成知己或亲密的朋友。而中国是一个语言文化知识底蕴丰厚的国家，自古以来，人们就善于将平淡无奇或晦涩难懂的语言经过修饰后变得形象生动或易于理解等。然而，不少有过当众演讲经历的人都抱怨：“这年头，说话难，在众人面前说话更难！”的确，那些不会说话的人，通常在演讲的时候，语言干涩无味，让人听之昏昏欲睡，更没有继续交谈的欲望。而如果我们能巧妙运用比喻的修辞手法的话，就能立刻让你的表达炫丽起来。

假如你要对暗恋多年的心上人表白一种咫尺天涯的感觉，有两种说法：

第一种说法：我每天都跟你在一起，却从来不敢向你表白，我好痛苦啊……

第二种说法：我每天都跟你在一起，却不敢向你表白，就像在大海里漂流，口渴得要命，四周都是水，偏偏却一口都不能喝！今天，我终于鼓足了勇气，把海水变成了淡水。所以……

你觉得哪种更有效？肯定是第二种！那么，什么是比喻修辞呢？

著名文学理论家乔纳森·卡勒的定义：比喻是认知的一种基本方式，通过把一种事物看成另一种事物而认识了它。也就是说找到甲事物和乙事物的共同点，发现甲事物暗含在乙事物身上不为人所熟知的特征，而对甲事物有一个不同于往常的重新的认识。

佛说法，经常妙用比喻。佛教有《百喻经》传世。可见，比喻在语言中的运用。我们先来看下面一个演讲故事：

程健在一家建材公司工作，他来公司不到一年，就已经升职为采购主管。在公司的年会上，他被同事们推举到讲台上讲授工作经验。

程健明白，这种场合下，开口必须特别，才能博得满堂彩，于是，他说："今天我们已经算幸运的了，可以在这个豪华的酒店里想用美酒美食，而平时呢，我们的情况是：出门是兔子，办事是孙子，回来是骆驼。"

在场的所有同事听完后，哈哈大笑。

很明显，我们发现，故事中的程健在演讲时之所以能博得同事们一笑，是因为他那句颇有意蕴的比喻句："出门是兔子，办事是孙子，回来是骆驼。""兔子"是指出门为了抢时间赶车赶船跑得快；"孙子"是指为了买到所需货物不惜请客送礼，低头哈腰地向人家求情；"骆驼"是指回来的时候不仅要办好货物托运还要给老婆孩子买东西，负载很重。他用形象的比喻说明采购工作是个吃苦受累的活，让同事们产生了共鸣。

那么，在当众讲话的过程中，我们该怎样运用比喻这一修辞手法呢？

1.要充分发挥我们的想象力

张爱玲的《红玫瑰与白玫瑰》中有这样一句话：“娶了红玫瑰，久而久之，红玫瑰就变成了墙上的一抹蚊子血，白玫瑰还是‘床前明月光’；娶了白玫瑰，白玫瑰就是衣服上的一粒饭渣子，红的还是心口上的一颗朱砂痣。”

这里，在巧妙的比喻下，“红玫瑰”与“白玫瑰”之间的不同就显而易见了，但如果没有异乎寻常的想象力，是无法获得这一表达效果的。

的确，有时候，在当众讲话中，很多时候，我们的演说语言之所以会平淡无奇，就是因为我们的思维被束缚了，而假如我们能在平日里的语言训练中，多转换角度分析，比如，可以从形式或者意义方面着手，或者着眼于句式或者词语，这样，我们会发现，同样一句话就会出现完全不同的表达效果。比如，讲话时，我们原本想赞美某个听众年轻美丽，通常我们会说“您皮肤真好……”但如果我们转换一种说法：“我终于知道为什么人们会有‘剥了壳的鸡蛋’这一说法了，原本还以为是夸张呢，今天算是见识到了。”这里运用的就是比喻的修辞手法，这样表达，更显得动听。当然，我们表达之前，最好做一番铺垫，否则显得唐突。

2.灵活运用，随机应变

生活中，有些人个性害羞内向，而在公共场合不敢开口，更别说灵活运用语言的艺术。一句话在普通的场合和演讲场合所产生的效果是不同的，如果不能妥善运用，随机应变，仍然无法发挥比喻修辞的妙处。

另外，我们运用比喻这一修辞时，需要注意的是：

①喻体必须要使对方清楚，一般要常见易懂。但在演讲中要会顺手牵羊或顺势而为，能及时从对方的信息中及时把握机会，创造突如其来、具有想象爆发力的比喻。

②比喻要贴切。必须对喻体和本体的共同点作认真的分析概括。

③比喻要注意思想感情。感情色彩不得体，语言表达就失去了光彩。

总之，当众讲话中，我们在表达的时候，若能正确运用比喻的修辞手法，一句干涩的语言就会顿时形象、生动起来！

巧用对照和对偶，凸显讲话重点

生活中，我们常说“有比较才有差距”“对比出真知”等，这就告诉我们，事物之间的区别只有在对比的情况下才能看出来，同样，在当众讲话或者即兴演说中，在阐述某些观点时，也可以利用这一方法。在修辞学上，这就是对比。而我们还可以将对比细分为对照和对偶。

在当众演讲中，懂得运用对照和对偶的修辞技巧，它会让听众更显而易见地理解你的观点，会让你平淡无奇的语言顿时趣味横生，进而让你迅速提升演讲语言的魅力。

一、我们首先来看对照这种修此手法：

对照，是把那些差异性明显、矛盾和对立的双方安排在一起，进行对照比较的表现手法。让他人在比较中分清好坏、辨别是非。运用这种手法，有利于充分显示事物的矛盾，突出被表现事物的本质特征。

从构成的方式看，对比有两种情形：

1.反面对比

2.反物对比

对比还有反差的意思，使相反或相对事物的特征或本质突显出来。

比如，这样说："你命好，有儿子孝顺；我呢？我得孝顺儿子。"这种语义的倒置产生了强烈的幽默效果。

鲁迅在《战士和苍蝇》一文中这样说过："有缺点的战士终究是战士，再完美的苍蝇也不过是苍蝇。"这里鲁迅把"战士"和"苍蝇"拿来比较，犀利地讽刺了那些诬蔑革命者所谓的正人君子，以坚定的决心支持着那些投身革命的勇敢战士们。

可见，通过把两种不同事物或同一事物的两个不同面貌放在一起相互比较，可使事物的性质、状态和特征等更加突显，并且鲜明地表现出说话人的立场和观点。

再如，毛泽东的《论持久战》中，用日本“小国、地少、物少、兵少”和中国“大国、地大、物博、人多、兵多”，以及日本侵略战争是“退步的，失道寡助”和中国抗日战争是“进步的，得道多助”相映衬、作对比，澄清了是非，预示了中国必胜、日寇必败的战争结局，击破了“亡国者”的无耻谬论。

二、对偶则是在不同的领域有着不同的诠释：

所谓对偶，指的是成对使用的两个文句“字数相等，结构、词性大体相同，意思相关”。这种对称的语言方式，形成表达形式上的整齐和谐和内容上的相互映衬，具有独特的艺术效果。

对偶以它那严谨、对称的结构以及语音抑扬顿挫的美感，可以使我们的说话内容产生一种引人注意、发人思考的力量。

说话中，如用对偶句或对偶式的标题，或用对偶式的段落表达富有哲理的内容，可增强语言的力量，因而对偶的形式可以有效地显示内容的辩证法与逻辑力量。如《生活采思录·时间篇》的结尾是这样的：

“李大钊说得好：‘今天是生活，今天是动力，今天是行为，今天是创作’。

不要为昨天而叹息，我们要笑着向昨天告别。

不要空唱‘明日歌”我们要把今天作为飞向明天的跳板。

昨天是今天的昨天，明天是今天的明天。所以，一天就是三天，这是一个生活的真谛，我们要善于把一天当作三天过！

在对今天的思考中，我们要记住这个时间的辩证法。”

其中“昨天是今天的昨天，明天是今天的明天”这一对偶句富有哲理性，又有整齐而对称的音节，听众可以从这样的表达中感受“义”的启迪，也获得“声”的愉悦。

当然，任何一种说话的技巧是在长时间的说话过程中逐渐形成的，往往具有相当大的威力。

总之，在公共场合参与演讲，要想让公众接受你的观点，就要有驾驭语言艺术的能力，否则，对方即使理解你的意思，也会轻视你的水平。说不定他的内心已经同意你的想法，而表面上却与你争论不休。对照和对偶的的策略是很有效的，通过比较，能凸显出我们演讲观点的正确性，进而让听众认同。

一语双关，回味无穷

生活中，我们常常听到“一语双关”这一成语，所谓一语双关，顾名思义，就是一句话包含两个意思，的确，生活中，我们经常羡慕那些说话一语中的、言在此而意在彼、意味深远的人。在一些公共场合，我们也看到这样一些说话时暗藏玄机的演讲者，而这一积极的语言效果，就来自于双关修辞手法的运用。

双关具有一箭双雕的特点，在讲话中是一种幽默的机智，其实只要用心观察，就会发现日常生活中有不少具有创意的双关语。为此，我们在演说时，也可以巧妙运用这一语言技巧，让听众回味无穷。

比如，美国第38任总统福特，他说话喜欢用双关语。有一次，他回答记者提问时说：“我是一辆福特，不是林肯。”

众所周知，林肯既是美国很伟大的总统，又是一种最高级的名牌小汽车；福特则是当时普通、廉价而大众化的汽车。福特总统说这句话，一是表示自己谦虚，一是为了突显自己是大众喜欢的总统。

双关含蓄委婉，生动活泼，又幽默诙谐，饶有趣味，能给人以意在言外之感，又使人回味无穷，因而在说话中经常为人们使用。

说话时，使用的每一个词或每一句话都有其特定的含义，有时这种含义却并不表现在这个词或这句话的字面意义上，而隐含在这个词或这句话的背后。而说话的人要表达的意思则恰好隐含在这个词或句子背后。这便是双关技巧。

一般来说，一语双关是利用语句的同义和谐音的关系，有意识地使语句具有双重意义，即言在此而意在彼。从这一方面，我们即可从谐音和同义两方面来运用这一表达技巧：

1.同义

这里的“同义”，指利用同一个词的不同含义来达到双关的效果，也就是你说出的话包含了两层含义：一是这句话本身的含义；另一个是引申的含义，幽默就从这里产生出来。也可说是言在此意在彼，让听者不只从字面上去理解，还能领会言外之意。

2.谐音

造成一语双关的方法有很多，但最主要的还是运用谐音法。

《刘三姐》里写刘三姐与三个秀才对歌，刘三姐唱道："姓陶不见桃结果，姓李不见李花开，姓罗不见锣鼓响，三个蠢才地里来。"这是谐音双关。刘三姐指姓陶说"桃结果"的桃，指姓李说"李开花的李，指姓罗说"锣鼓响"的罗；说不见"桃结果""李花开""锣鼓响"，就是指陶、李、罗三位秀才没本事，不是赛歌的对手。这是利用双关语来进行讽刺。

演讲中，为了避免语言的干涩无味，不如运用幽默的口才，采取双关的表达技巧，达到幽默的效果，让听众诙谐一笑！

夸张让语气更震撼

生活中，我们常有这样的说话经历：说自己穷困的时候，你可能会说"身上一毛钱都没有了"；当描绘我们已经饥饿难耐时，我们会说："我快要饿死了"；当向医生诉说你的病情时，你说发高烧，全身就像"炭火"一样烫。我们真的会因为没吃一顿饭就饿死吗？怎么可能真的一毛钱都没呢？果真全身有炭火那样高的温度吗？显然是言过其实了。但是，这种言过其实，在听者看来却并不觉得是虚假的，相反加深了印象，这便是说话夸张的技巧。同样，当我们在脱稿讲话或者即兴发言时，也可以将这一修辞技巧运用其中。

演讲时，演讲在有表达需要的情况下，在尊重客观事实的基础上，故意言过其实，夸大或缩小人或事物的一些特征，形成强烈的对比效果，这就是夸张的修辞手法。

修辞上夸张的最大特点是“言过其实”。事实上夸张辞格不管夸张到什么程度，夸张都要在本质上符合事实或者说它需要具备这样的品质与本领——本质上符合事实表述上言过其实。这两点是涵盖了夸张这一修辞格的真正涵义。如人们读到李白“飞流直下三千尺，疑是银河落九天”的诗句时，不会用心去体会庐山瀑布那从天而降的气势，因为夸张手法的运用，让这瀑布的美震撼人心。

夸张可分为三类，即扩大夸张，缩小夸张，超前夸张。

1.扩大夸张：故意把客观事物说得“大、多、高、强、深……”的夸张形式。例如：蜀道之难，难于上青天。

2.缩小夸张：故意把客观事物说得“小、少、低、弱、浅……”的夸张形式。例如：一个浑身黑色的人，站在老栓面前，眼光正像两把刀，刺得老栓缩小了一半。

3.超前夸张：在时间上把后出现的事物提前一步的夸张形式。例如：农民们都说：“看见这样鲜绿的茵，就嗅出白面包子的香味来了。”

夸张的作用：

1.揭示本质，给人以启示；

2.烘托气氛，增强感染力；

3.增强联想；创造气氛。

夸张是言过其实，但为什么听者不觉得它虚假呢？因为夸张也能突出事物某一性质较合理的地方，而且它常常与比喻、比拟等技巧结合在一起，听话的人心里自然有数。

说话时，合理地运用夸张技巧，可以揭示事物的本质，既能加强说话的感染力，又能“启动”听者的想象力。

古人云：“俗人好奇，不奇声不用也。故誉人不增其美，则闻者不快其意；毁人不益其恶，则听者不惬于心。闻一增以为十，见百益以为千。”这句话告诫我们，演讲中，在运用夸张这一修辞手法时，需要注意：

1.夸张虽可言过其实，但不是浮夸，不能哗众取宠，更不能无中生有、信口开河。它必须以客观事实为基础，必须反映客观事物的本质特征。它之所以言过其实而又不虚假，其奥妙就在于突显了事物的某一部分性质，不似真实而又胜似真实。

2.要注意分寸，要让听者知道你在夸张而不是写实；不要单纯为了猎奇而强行夸张，像在作报告时，或介绍经验等场合就不能随意运用夸张技巧。

总之，运用夸张的表达技巧，能起到加强语气的效果，但讲者在运用夸张修辞时，要以客观实际为基础，在不失去真实感的前提下进行夸大或缩小，绝不能无中生有，信口开河，把事物夸得过分了。夸张也必须结合特定的目的与场合而用，在随意的场合可以活跃气氛，增加谈话趣味。但在严肃场合，不宜用夸张的语句。

演讲中，夸张能使人或事物的形象特征更加突出，给听众的感觉也会更加强烈，从而使他们受到演讲者话语的感染而投入更多的注意力。

善于引用，增强语言感染力

一位善于讲话的演讲者，肯定是个善于旁征博引的人，在他的演讲中，经常会引用一些事例、典故，或者穿插一些历史知识、名言警句。通过引用，讲出来的话就形成一种博古通今的气势，增强感染力。

1.引用事例

有些道理，要纯粹从理论上来说明，用口号来呼吁，这样会显得很困难，而且会让人感觉枯燥无味。但如果通过举一些事例来解释和说明，既能有效地阐述观点，说明道理，让听众信服；又能让讲话内容充实，形式活泼，让听众感兴趣。

引用事例，主要是现实生活中的事例，也包括一些名人的事例。你可以确定了主题，简单明确地说出观点之后，再选择能够支持观点的事例来展开论证。但是在演讲中引用事例，需注意以下几点：

（1）准确具体

你所引用的事例应该是具体的，应该有时间、地点、人物及部分细节描写。这样，可以让听众有如身临其境，去经历、去感受、去思考，从中受到启发和教育；如果事例失实或本身就很难理解，听众就会对讲话产生怀疑或失去兴趣，影响演讲效果。另外，不能引用自己都不清楚、不完全了解的事例，更不能断章取义，为了拼凑事例而将一些完整的事件切割开来。

（2）新颖生动

生动才能吸引人，我们所引的事例应该新颖生动，离人们的生活很近的事，以使听众对材料感兴趣。

（3）侧重引用身边的事例

你所举的事例应侧重于普通人普通事，因为伟大的人、伟大的事固然感人，但这毕竟与普通人的生活离得较远，引用过多不会引起大家的兴趣。如果举些凡人凡事，用群众身边人、身边事教育群众，对听众更有说服力，效果会更好。

（4）避免老生常谈

有些事例几乎都成了论证某些观点的套话，比如谈到身残志坚就说说张海迪，谈到助人为乐就说雷锋，谈到秉公执法就讲包拯。这类的事例虽然不错，但不能每次必讲，用得太多太滥，反倒起不到论证效果。

2.引用典故

中华民族历史悠久，留下了光辉灿烂的文化，其中的历史、文学、寓言、成语、故事、传说等典故数不胜数。这些典故或优美感人，或朴实动听，或言微旨远，能给人以无限遐想，给人启迪，发人深思。典故的说服力是无穷的，因为它们都是千百年来历史证明了的事实，比如要说明“兼听则明”的道理，还有什么比引用唐太宗“从谏如流”，比唐高祖“广纳众议”的典故更具说服力呢?

在过去，我国士大夫在著书立说、闲谈交往中，如果不引经据典，将完全被人瞧不起，可见典故的重要性。典故以其特有的生动性、趣味性和深刻性，对于论证观点，说明道理，吸引听众有着不可替代的作用。

3.引用名言警句

古今中外名人名言，有着较强的说服力。因为这些名言名句，或是他们生活经验的总结，或是他们智慧灵感的闪现，往往富有哲理，发人深思。在讲话中引用名言名句，无论是对于增强说服力，还是增加讲话的感染力，都是很有帮助的。

如某领导在讲无私帮助的问题时，引用“送人玫瑰，手留余香”进行论述，简洁明了，说理深刻，并且给人美的感觉；有位领导同志在“企业评政府”的讲话中引用了《梁史》中“屋漏在上，知之在下”这句古语，简洁、深刻地说明了“企业评政府”“下评上”的意义，与会者听后留下了深刻的印象。引用名言警句，一般应注意以下几点：

（1）尽量引用原文

比如引用奥斯特洛夫斯基的名言“人最宝贵的是生命，这生命属于每个人只有一次。人的一生应当这样度过：当他回首往事的时候，不因虚度年华而悔恨，也不因碌碌无为而羞愧。这样，在临死的时候，他就能够说，我的整个生命和全部精力都献给了世界上最壮丽的事业”——“为人类的自由和解放而斗争”来谈人生意义，说理性很强。

（2）善于用自己的话陈述

有的名言警句包含的意义比较多，那么这时候，你就要善于用自己的话来对这些名言进行陈述。

（3）改造要适当

在有些语境下，适当地改变名言名句中的某些字，可以达到特殊的语言效果，也是可以的。比如毛泽东批评一些干部为评级而闹情绪，说：“男儿有泪不轻弹，只因未到评级时。”宋楚瑜在大陆之行时，也套用了美国过去一位总统肯尼迪所说的一句话：“不要光看我在大陆说了什么，要看我们在台湾做了什么。”

（4）准确无误

千万不能把名言名句念错了，那样不仅不能增添语言色彩，反而会闹笑话。引用名言名句还应有话语的情境与之相协调，引用最能说明问题的名言名句，并且要适可而止，不能滥用。

4.引用数字

权威性的数据具有较强的说服力，对那些科学性或知识性论点，你尽可能用权威数据来论述。这里的关键就是“权威性”，它主要包括国家机关公布的信息、专家的论断、权威新闻媒体的报道、有影响的社会团体公布的正式材料，等等。一般来说，这些数据可信度高，基本不需要再经证明就可以用来进行论证的，具有无可辩驳的说服力，以之为论据是非常有力的。

演讲者在演讲中，要善于引用一些熟语、典故来证明事物、阐述道理。善于引用，可以增强说服力和感染力，使语言表达言之有据、生动形象。

第 12 章

细枝末节，提升讲话渲染效果

语速快慢适中，掷地有声

生活中，人们说话都有轻重快慢之分。一般来说，重要的词语或需要强调的内容说得重些，句子中的辅助成分或平淡的内容说得轻些。而对于演讲来讲，演讲者只有说话轻重缓慢适宜，吐字清晰有力才能使语意分明，声音色彩丰富，语气生动活泼，语言信息中心突出，从而引起听者的注意，引导听者的思路，易于被人理解和接受。说话太轻，容易使听者减少兴趣；太重，也容易给听者突兀的感觉。

要达到这一效果，需要演讲者从语速、节奏、吐字三个方面努力：

一、语速

说话的速度也是演讲的要素。为了营造沉着的气氛，说话稍微慢点很重要。标准大致为5分钟三张左右的A4原稿。不过，此处要注意的是，倘若从头至尾一直以相同的速度来进行，听众会昏昏欲睡的。

演讲的速率一般可分为快速、中速、慢速三种：

1.快速叙述事情的急剧变化、质问、斥责、雄辩表态；刻画、急

促、紧张、激动、惊惧，愤恨，欢畅，兴奋……

2.中速一般性说明和叙述感情变化不大，感情平静；

3.慢速抒情，议论，叙述平静、庄重的事……

演讲语速要运用恰当的语速说话，是控制语调的主要技巧。在需要快说时，语速流畅不急促，使人听得明白；在需要慢说时，不能拖沓，要声声入耳。语速徐疾、快慢有节，才能使言语富于节奏感。听者处在良好的倾听环境里，才能不疲劳，并且增强语言的感染力。

科学的发音取决于科学的运气，有些演讲者时间稍长点就底气不足，出现口干舌燥、声音嘶哑的现象，此时，只得把气量集中到喉头，使声带受压，变成喉音。

二、培养恰如其分的节奏

除了语速，演讲的节奏也是关系成败的一个重要因素。人们在说话、朗读和演讲中，速度的快与慢、情绪的张与弛、语调的起与伏、音量的轻与重等，变化对比，就形成了节奏。节奏在口语中起着重要作用。

节奏不是外加的东西，它取决于说话的内容和交谈双方的语境，靠起伏的思绪遣词造句，靠波动的情感多层衍进。

节奏主要表现人的心理运动变化，不同的口语节奏具有不同的形象内涵和不同的感情色彩。适当的节奏，有助于表情达意，使口语富于韵律的美感，加强刺激的强度。

在演讲中，常见的节奏有持重型、轻快型、急促型、平缓型、低抑型等。

别忘了演讲中也有标点符号，适当的停顿不仅会显得张弛结合，同时能给听众提供一个理解回味的空间，集中他们的注意力。另外，掌握节奏的快慢有助于控制演讲的时间，同时也是传递感情的一种方式。

三、吐字清晰有力

演讲的语言从口语表述角度看，必须做到发音正确、清晰、优美，词句流利、准确、易懂，语调贴切、自然、动情。

1.发音正确、清晰、优美

以声音为主要物质手段的语音的要求很高，既要能准确地表达出丰富多彩的思想感情，又要悦耳爽心，清澈优美。为此，演讲者必须认真对语音进行研究，努力使自己的声音达到最佳状态。

一般来说，最佳语言是：

①准确清晰，即吐字正确清楚，语气得当，节奏自然；

②清亮圆润，即声音宏亮清越，铿锵有力，悦耳动听；

③富于变化，即区分轻重缓急，随感情变化而变化；

④有传达力和浸彻力，即声音有一定的响度力度，使在场听众都能听真切，听明白。

演讲语言常见的毛病有声音痉挛颤抖，飘忽不定；大声喊叫，音量过高；音节含糊，夹杂明显的气息声；声音忽高忽低，音响失度；朗诵腔调，生硬呆板等。所有这些，都会影响听众对演讲内容的理解。

2.词句流利、准确、易懂

听众通过演讲活动接受信息主要诉诸听觉作用。演讲者借助口语发出的信息，听众要立即能理解。口语与书面语之间有较明显的差距。有人说，书面语是最后被理解，而口语则需立即被听懂。

总之，演讲者应根据说话的内容，该轻则轻，该重则重，当快则快，当慢则慢，并使人感到音节错落有致，舒服畅快。

演讲时，你只有做到轻重缓慢适宜，吐字清晰有力才能使语意分明，声音色彩丰富，语气生动活泼，语言信息中心突出，从而引起听众的注意，引导听众的思路，易于被人理解和接受。

声音洪亮，方能展现自信

语言不仅仅是最重要的交际工具，说话风格也能反映一个人的魅力和性格特点。现代社会，很多人参与人际交流也都代表了一定团体的利益，也就免不了面对众人的语言交际活动，这其中就包括演讲。任何一个成功的领导者，都具备出色的演说能力，这也是口才的重要显现。

演说，是指在公众场所，以有声语言为主要手段，以体态语言为辅助手段，针对某个具体问题，鲜明、完整地发表自己的见解和主张，阐明事理或抒发情感，进行宣传鼓动的一种语言交际活动。所以，构成演讲的一大重要要素就是——面对众人说话。而衡量一个人演讲是否到位，关键问题还在于其心理素质是否过硬，而展现在听众面前的一个重要方面就是说话声音，估计任何出色的演讲者都有过这样的经验：在初次演讲时，会因为紧张而不敢大声说话，甚至说话语无伦次。这些人之所以能成功，也并不是因为他们在多次的演说中都能消除紧张，而是因为他们善于把紧张的程度控制在最小的范围之内。试想，如果一人连基本的心理调节都不能做到，又谈何说服听众呢？

生活中的人们，在演说中出现一些负面心理也是在所难免的，但如果你能在演说中做好心理调节，和法拉第一样做到“目中无人，心中有人”，把注意力集中到演讲的要点上，就能在增强自信、自我放松的同时，以洪亮的声音吸引听众，赢得听众掌声。

一般来说，一个人音色是否洪亮，是由两个要素决定的：

1.音量

音量是指声音的强弱、大小。一些人在与人说话的时候，控制不好自己的音量，造成了两种极端，一种是音量过大，会造成身体消耗大，又不能恰当地表明自己的含义；另一种是音量太小，是一种不自信的表现，也不容易让听者听清含义。

正是因为有以上两种情况的出现，音量的把握为此也需要一定的训练，在训练的过程中要注意几点：

无论你处于什么样的场合下，音量都要适中；

要遵循一个原则，讲话时要让听众毫不费力地听清，因此，如果空间大、人数多，可适当提高你的音量；

要根据说话的氛围和情感基调来确定你的音量；

根据朗诵内容的长短来确定音量的大小。一般来说，朗诵内容较

短，音量可以稍大，如果内容较长，音量可以稍小。这样做的好处是保护自己的嗓音，因为长时间大声说话会使嗓音嘶哑。

2.音高

在了解音高这一含义之前，先需要了解音域，它指的是某乐器是指某一乐器或人声所能发出的最低音到最高音之间的范围。音高，则是指人讲话时所使用的音域。

人的发声体是声带，每个人的声带条件是不同的，因此，发音技巧不同，音域不同，音高也就不同。

但需要注意的是，每个人的音高也是可以把握好的，尤其是在起音的时候，不应太高或者太低，起音太高或太低，会给后面的朗诵带来困难，或者高的朗诵下不去，或者低的听不清楚。一旦不小心出现了起音偏高或偏低则应及时进行调整。

总之，说话时，让震动在口腔、鼻腔甚至胸腔得到共鸣、放大，自己的声音才会饱满、圆润、高扬。

对于演讲者来说，自信心尤为重要，而演讲者的自信一般体现在说话的音量上，一个说话掷地有声、不卑不亢的人，才能清晰、准确地传达出自己的观点，才能让听众接受你。

用语气表达情感

语气是实现语言主体对象化的重要手段之一，表示说话人对某一行为或事情的看法和态度，它是思想感情运动状态支配下语句的声音形式。因此，在演讲的时候，我们应该将语气拿捏到位才能表露自己内心的情感。

在很多时候，语气常常能反映一个人的内心，而且，一个人的语气往往是随着其说话对象而变化的。更为重要的是，语气还可以表达明确的情感信息，通过有关资料显示，语气在表意方面往往会产生意蕴言外的特殊功效。在日常工作中，不少人往往能通过语言准确地表达自己的情感，这通常与其采用的语气息息相关。

文学大师郭沫若曾创作一部历史剧，名叫《屈原》，抗日战争时期，郭沫若先生曾在台下看《屈原》的演出。

台上，婵娟痛斥宋玉："宋玉，我特别恨你，你辜负了先生的教训，你是没有骨气的文人！"

郭老听后，感到"你是没有骨气的文人"这句话，骂得还不够分量，就走到后台去找扮演"婵娟"演员商量："你看，在'没有骨气的，后面加上'无耻的' 三个字，是不是分量会重些？"这时，正在一旁化妆垂钓者的演员张逸生，灵机一动，插了话："不如把'你是'改为'你这'，'你这没有骨气的文人'，这就够味了。"郭老拍手叫绝，连称："好！好！"

只不过是一字之改，就使原来的陈述句变成了态度坚决的判断句，同时，使语言形成了强烈的感情色彩，语气也更加有力，婵娟的愤怒之情溢于言表，这样的语言也更容易激发观众的憎恨情绪，达到触动观众内心的目的。一个人在面对不同的对象，能够恰当地使用相应的语气，这样就能够准确地表达自己的真实心理，继而有效地影响他人心理。

语气包含思想感情、声音形式这两方面的内容，因此，我们可以把语气理解为具体思想感情支配下的语句的声音形式。其具体包含了三个要点：一是语气以内心感情的色彩和分量为灵魂、为神；二是语气以具体的声音形式为躯体、为形；三是语气存在于一个个具有语境的语句当中。

如果说语音是语言的物质外壳，那么语气就是表达所必须依据的支持物。每个人在讲话的时候，都离不开语气。语气对于演讲来说尤为重要，因为恰到好处的语气能帮我们更准确地表达出自己的思想感情。

通常情况下，在语言表达过程中，我们的语气能够直接反映其情绪和精神状态。只有语气拿捏到位，才能彰显出语言应有的表现力。比如，使用喜悦的语气，那表明其本人心中的喜悦之情；使用愤怒的语气，则会反映出自己内心的愤怒之意；使用生硬的语气，那表明其本人内心有某种不悦之感；使用埋怨的语气，那表明当事人心中有着满腹牢骚。由此可见，很多时候，语气在无意之中就泄露了心中的秘密。换个角度，我们在讲话的时候，如果能够将语气拿捏到位，岂不是更准确地表达自己的真实情感了？

那么，演讲中，我们该运用怎样的语气说话呢?

1.鼓励语气

这是与很多人参与演讲的目的相吻合的，比如鼓励听众去采取某种行动，给听众鼓励和期望，更易触动其内心。

2.信任语气

每个人都希望得到别人的信任，如果你在说话时表现出充分的信任，这时候语气能起到语言难以表达的作用。比如，你可以这样鼓励听众：“你一定可以成功的。”这就给了听众一份自信，这肯定的语气会将自己的真实情感传达给听众。

3.赞赏语气

在你的演讲语言里加入肯定和赞许，更易让听众认可你。

4.商量的语气

你作为演讲者，站在众人面前，并不代表你可以命令听众去做什么，如果你传达出来的信息是冰冷、居高临下的，这会伤害对方自尊心，也不会得到听众的支持。

5.尊重的语气

每个人都渴望被尊重，因此，我们在进行语言表达的时候，应该尽量使用尊重的语气。

我们在演讲的过程中，不但要注重遣词造句，而且还需要考虑用怎样的语气表达，这样的说话才准确、鲜明、生动，才更容易获得听众的支持。

惟妙惟肖，让演讲博得眼球

为了庆祝国庆，医院组织了“中国十月”的演讲比赛，刚刚大学毕业分配到医院的小宇也积极报了名。在经过一番积极的准备之后，很快到了演讲比赛的日子。小宇镇定自若地走上台去，做了一个独具匠心的开场白。

她的声音抑扬顿挫，时而低沉，时而高昂，听众的感情在她的引领下跌宕起伏，她的面部表情非常丰富，观众被深深地感染，以至于在她的演讲进入高潮的时候，全场的听众竟然不约而同地站起来为她鼓掌，为她欢呼。即使她的演讲已经结束了，可是听众还沉醉在她演讲时的状态下不能自拔。

这次演讲比赛，小宇得了冠军。她丰富的面部表情将情感宣泄得恰到好处，不仅深深吸引了听众，还吸引了台上的评委，以至于从她之后，评委们评判别的选手的时候都会情不自禁地以她为标准。

人内心深处的情感变化，完全可以通过面部表情表达出来。所以在表达自己的时候，尽量学会用肢体语言，尤其是通过面部表情来表达内心的渴望、需求以及感受。这样，伴随着绘声绘色的语言表述，将情感宣泄得淋漓尽致。别人会被你深深地吸引，从而获得更多的朋友，更加通达地营建了人脉关系。所以，18岁以后的年轻人要学会丰富自己的面部表情，让表达更加圆润动听。那么，到底如何才能让自己的表情更加丰富、表达更加有吸引力呢？以下几点值得借鉴和参考。

1.了解各种情绪的表达方式

面部表情的变化是内心情绪的晴雨表。要想让自己有丰富的面部表情，在表达的时候绘声绘色，那么就要有必要了解各种情绪的表达方式。比如有人受了伤害，感觉很痛苦，他会眉头紧缩，嘴角下拉，或者是痛哭流涕，还有可能是目光呆滞，沉默不语，等等。这些不同表情的变化都表明对方非常的痛苦。所以在了解这些基本的表达情绪的表情后，在你有这种情绪需要表达的时候，就会采取多种方式。这样一来，你的面部表情就会丰富多彩，在辅助语言完成表达情感和传递信息的时候，就会绘声绘色，将别人的注意力牢牢的抓住。所以，了解别人的情绪表达方式，就是学习和掌握用不同的表情来表达不同的情绪。人有很强的模仿力，模仿也是学习最直接的方式。要想有丰富的面部表情，不妨先从了解别人的各种不同情绪表达方式。

2.观察出现各种表情的条件

外部的条件往往制约和影响了各种情绪，所以，有必要观察和了解出现各种表情的外部条件。比如对方非常开心，眉开眼笑，那么就要观察了解为什么以眉开眼笑的方式表达快乐？为什么不以别的方式来表达？比如开怀大笑，或者是谈笑风生，等等。当你观察了解了对方眉开眼笑的各种条件之后，你就会明白，什么程度的快乐需要眉开眼笑，什么程度的快乐需要开怀大笑。当你明白了这些之后，就会根据快乐的不同，采用不同的方式来表达，而不是只顾一个劲儿地傻笑。这样一来，别人就会根据你不同的表情来感受你不同的情感变化。当别人被你丰富多彩的表达方式深深吸引住的时候，就是你成功应用面部表情传达信息的时候。

3.练习拿捏各种表情的表达

要想让自己的表情变化丰富多彩，光靠观察和了解是远远不够的，关键是要练习和掌握。所以，在平日里，多练习用各种不同的表情来表达不同程度的情绪，让自己的表情变化得到恰到好处的表现机会。比如，表达幸福，有时候只需要一个满足的眼神，有时候还需要一个甜甜的微笑，有时候还要有憧憬。那么，就要明白了，用一个满足的眼神能表达什么程度上的幸福，甜甜的微笑会在什么程度上出现才合适等。对各种表情出现的程度一定要拿捏准确。否则会给别人传递错误的信息。所以，要多练习各种表情的表达和拿捏，让自己的情绪表达恰到好处。这对18岁以后的年轻人来说尤其重要，直接关系着是否能营建良好的人际关系和人脉，对学习工作，以及事业发展有很深的影响。

手势的使用，为表达锦上添花

王亮和张凯都是某大学电子系大二的学生。他们对国学非常感兴趣，所以经常抽时间去听课。国学教授是个50岁出头的学者，他非常喜欢别的院系的学生前来听课，并且在课间经常辅导他们。可是奇怪的是，王亮和国学教授交流得非常好，可是张凯交谈一次之后，就再也没有获得这样的机会。尽管张凯对国学的热衷程度要高于王亮很多。这到底是怎么回事呢？原来他们两人在交流时的手势有关系。

每次国学教授和王亮交流的时候，王亮总是在表达自己观点的时候，很恭敬，在发表不同意见的时候，总是伸开胳膊，伸开双手，显得非常开放。所以尽管在一些问题上，有不同的看法，但是国学大师依然很欣赏他。但是张凯就不同了，总是把胳膊交叉，抱在胸前，给人以拒人千里的感觉。难怪国学大师不喜欢他。尽管王凯对国学很有见地，但是错误的肢体语言让别人不喜欢他，从而拒绝与他交流。

在人与人交往当中，适当的手势能辅助语言的表达，甚至比语言表达得更准确，因为人的语言或许会有假，但是身体是不会说谎的。所以，在人际交往中，身体语言能传达真实的内心情感。尤其是手势，能准确地反映人物内心的真实变化，所以，一定要多注意手势的表达，避免错误的手势传达错误的信息。尤其在与人交流中，对方关注你的眼神的同时，还会关注你的手。所以，在人际交往当中，一定要学会用适当的手势来表达情感。那么，对于18岁以后的年轻人来说，到底如何适当的应用手势来传达信息呢？

1.手势的使用要合乎惯例

在使用手势的时候，一定要注意，你所使用的手势是大家都认可和知晓的，这样，你使用的手势才能准确地传达你想要传达的意思。否则，你使用的手势别人看不懂，不但不能将你所表达的意思传递给对方，还可能会因此而引起误会，引来不必要的麻烦。比如介绍的手势、指示方向的手势、请的手势、鼓掌的手势等，都有其约定俗成的动作和要求，不能自己想当然地乱加使用。一般情况下，当看到自己不了解的手势时，大多数人都会保持沉默，以待观察，或者是从对方的口头语中获得相应的信息。但是有时候，有些人会误解你的意思，从而做出错误的决定，引为笑柄，对方丢丑自然会恨你入骨。

2.手势的使用要适度

在使用手势表达的时候，要适度，不能不用，也不能滥用。有的人在与人交流的时候，两只手总是安静的待着，动也不动。这给别人一种不舒服的感觉。事实上，人在交流的时候，别人会观察你的身体语言，除了眼神外，还会观察你的手。所以，在社交的时候，要适当的使用手势语。当然，也不能滥用、乱用。不管做什么都要有个度，如果过度了，就会给别人带来压力，同样，使用手语也是一样的，比如说，握手表示欢迎，可是有的人一见面就跟你握，而且握住还不放手。试想一个人一天之内跟你见三次，还要给你握三次手，而且每次握住都不放。谁能受的了。所以，手势语的使用要有个度，不能不用，也不能过滥。

3.手势的使用要避免“雷”区

手势语的使用也有很多的忌讳。如果不了解，就会给别人带来不好的印象，给人际交往蒙上阴影。所以，有必要掌握一些手势语使用的禁忌。在介绍某人或为他人指路的时候，要使用手掌，四指并拢，而且还需要掌心向上，这样会给别人一种受尊重的感觉。当然不能对别人指指点点。生活中很多人总是在不经意间用食指指人，这是非常不礼貌的做法。在与人交流中，手势的幅度不宜过大，更不要手舞足蹈。一般情况下，手势不应该不应超过对方的视线，下界不低于自己的胸区，左右摆的范围不要太宽，应在人的胸前或右方进行。和对方第一次见面的时候，避免抓头发、玩饰物、掏鼻孔、剔牙齿、抬腕看表、高兴时拉袖子等粗鲁的手势动作。总之，在使用手势语的时候，要多了解禁忌，避免因为自己的不了解而让人产生误会。这对18岁以后的年轻人来说非常重要。

参考文献

[1]张灵芝.不怯场：怕，就会输一辈子[M].南昌：江西人民出版社，2016.

[2]单元花.不怯场！交际的诀窍[M].北京：中国时代经济出版社出版发行处，2014.